Holger Frerichs

Das „Altersheim für heimatlose Ausländer“ in Varel 1950 bis 1959

Dokumentation

„... das größte Alters- und Siechenheim für heimatlose Ausländer in Niedersachsen, wenn nicht in Deutschland überhaupt ...“

(„Nordwest-Zeitung“, 8. Juli 1950)

„... im größten internationalen Altersheim Europas, in Varel ...“

(„Hamburger Abendblatt“, 2. Januar 1957)

Holger Frerichs

Das „Altersheim für heimatlose Ausländer" in Varel 1950 bis 1959

Dokumentation

ISENSEE VERLAG
OLDENBURG

Diese Publikation wurde initiiert durch die Projektgruppe „Baltengräber“ im

Trägerverein für die Lokale Agenda 21 in Varel e.V.

Gefördert durch

Stadt Varel

Landkreis Friesland

Heimatverein Varel e.V.

Verlag: Isensee Verlag, Oldenburg
Layout: Holger Frerichs

Bibliografische Information der Deutschen Bibliothek

Die Deutsche Bibliothek verzeichnet diese Publikation in der Deutschen Nationalbibliografie; detaillierte bibliografische Daten sind im Internet über <http://dnb.ddb.de> abrufbar.

ISBN 978-3-7308-2004-9

Gedruckt bei Isensee in Oldenburg

Inhaltsverzeichnis

I.

Übersicht zur Geschichte des Altersheimes

I.1. Vom DP („Displaced Person“) zum „Heimatlosen Ausländer“

Als die alliierten Armeen im Mai 1945 ganz Deutschland vom Nationalsozialismus befreit hatten, fanden sie allein im Gebiet der drei westlichen Besatzungszonen, der späteren Bundesrepublik Deutschland, etwa sechseinhalb bis sieben Millionen sogenannte Displaced Persons (DPs) vor.
Unter den Begriff DP wurden Menschen gefasst, die infolge des Zweiten Weltkriegs aus ihrer Heimat durch unmittelbare Kriegseinwirkung und deren Folgen geflohen, vertrieben oder verschleppt worden waren.

Es handelte sich bei dieser sehr heterogenen Gruppe um ausländische Personen, die von den Deutschen als Zwangsarbeiter*innen ins Reich verschleppt worden waren, um befreite ausländische Häftlinge aus Konzentrationslagern oder im Reichsgebiet befindliche ehemalige Kriegsgefangene der Wehrmacht.
Diese Gruppen zählten zu den Opfern der nationalsozialistischen Gewaltherrschaft.
Daneben gab es unter den DPs viele Flüchtlinge aus Osteuropa, die in der letzten Kriegsphase aus den von Nazi-Deutschland besetzten baltischen Gebieten vor den vorrückenden sowjetischen Truppen geflohen und mit der zurückweichenden Wehrmacht ins Reichsgebiet gelangt waren. Zu dieser Gruppe gehörte auch eine nicht unerhebliche Zahl von Personen, die freiwillig im Reichsgebiet für die Deutschen gearbeitet, in Hilfsverbänden der deutschen Wehrmacht gedient oder in ihrer Heimat mit der deutschen Besatzung kollaboriert hatten.

Mit dem DP-Status verbunden waren der Anspruch auf medizinische und sanitäre Betreuung, ausreichende Verpflegung, Kleiderzuteilungen und eine Unterkunft in eigens dafür eingerichteten Lagern, den sogenannten DP-Lagern oder „Assembly Centers“.
Letztere entstanden in Krankenhäusern, Sanatorien, Schulen und Industriearbeitersiedlungen, aber auch in ehemaligen deutschen Kasernen, Kriegsgefangenen- und Zwangsarbeitslagern sowie vereinzelt auf dem Gelände ehemaliger Konzentrationslager.
Zuständig für die Versorgung und Verwaltung der DPs in den Westzonen (britische, amerikanische und französische Besatzungszone) waren die jeweiligen DP-Abteilungen (DP-Branch) der alliierten Verwaltungen. Unterstützend wurde die Hilfsorganisation der Vereinten Nationen, die UNRRA (United Nations Relief and Rehabilitation Administration) tätig.

Die Rückführung von DPs aus westlichen Staaten vollzog sich in der Regel recht rasch, die Repatriierung z.B. in die Sowjetunion oder nach Polen und in andere ost- und südosteuropäische Staaten war aus verschiedenen Gründen problematischer.

Ende 1945 betreute die UNRRA auf dem Gebiet der späteren Bundesrepublik Deutschland 227 DP-Lager; im Juni 1947 belief sich die Zahl auf 416 in der amerikanischen und 272 in der britischen Zone Deutschlands.
Am 30. Juni 1947 stellte die UNRRA ihre Tätigkeit in Deutschland ein. Ihr Nachfolger, die International Refugee Organization (IRO), übernahm die Betreuung der DPs.
Am 1. Juli 1947 befanden sich immer noch über 600.000 DPs in Deutschland, davon in der britischen Besatzungszone allein 230.660. Zumeist waren es Polen und Polinnen. Aus dem damaligen Staatsgebiet der UdSSR kamen Balten, Russen, Ukrainer und Weißrussen; daneben aus Südosteuropa Jugoslawen, Rumänen und andere, die aus politischen und anderen Gründen nicht in die Heimatländer zurückkehren wollten oder konnten.

Die Möglichkeit der Emigration in Drittstaaten stand ihnen aus gesundheitlichen Gründen bzw. wegen ihres fortgeschrittenen Alters nicht oder nur in sehr eingeschränkter Zahl zur Verfügung. Sie wurden von den betreuenden Behörden als sogenannte „Hard Core“-Fälle betrachtet.

Bereits 1948/49 bestand in der Stadt Varel ein DP-Lager für Polen (Erwachsene und Kinder) in den ehemaligen Marine-Kasernen am Steinbrückenweg. Im Dezember 1949 erfolgte deren Umquartierung in DP-Lager auf den ehemaligen Fliegerhorsten in Marx und Friedrichsfeld.[1]
Anfang 1950 wurde in den frei gewordenen Gebäuden am Steinbrückenweg auf Veranlassung der DP-Verwaltung ein Altersheim für ausländische DPs verschiedener Nationalitäten eingerichtet.
Die Unterkunftsgebäude mussten dazu teilweise umgebaut werden, aus den zuvor 6x6 m großen Stuben entstanden 3x6 m große Zimmer für je zwei Personen.

Im Februar 1950 zogen die ersten Bewohner*innen in die neue Unterkunft.
Als im Juli des gleichen Jahres die Verwaltung der meisten DP-Lager und die Betreuung ihrer Bewohner von der alliierten Verwaltung und der IRO in die Zuständigkeit deutscher Dienststellen übergingen, erhielten die DPs ab 1951 den rechtlichen Status „Heimatlose Ausländer". Die anfänglich als „DP-Altersheim" bezeichnete Einrichtung in den Kasernen in Varel trug somit bis zu seiner Auflösung im Jahr 1959 die offizielle Bezeichnung „Altersheim für heimatlose Ausländer".

Im „Gesetz über die Rechtsstellung heimatloser Ausländer (HAuslG)" vom 25. April 1951 wurde ein Diskriminierungsverbot und die ausdrückliche Gleichstellung mit deutschen Staatsangehörigen in vielen Rechtsgebieten ausgesprochen.
Dies betraf den Eigentumserwerb, Freizügigkeit, Schulwesen, Ablegung von Prüfungen und Anerkennung von Examina, Ausübung freier Berufe, Ausübung nichtselbständiger Arbeit, Sozial- und Arbeitslosenversicherung und Arbeitsfürsorge, Öffentliche Fürsorge, Regelungen im Steuerwesen.

Abb. 1: Übersichtsfoto Altersheim für heimatlose Ausländer.
Fotoalbum Altersheim, Archiv Heimatverein Varel.

1 Vgl. Bericht in „Nordwest-Zeitung – Der Gemeinnützige", 22. Dezember 1949.

Eine Gleichstellung mit deutschen Flüchtlingen oder Vertriebenen stellte das Gesetz aber nicht her. Diese genossen gegenüber anderen deutschen Staatsangehörigen Sonderrechte, die eine materielle Entschädigung für Vermögensverluste darstellten (Soforthilfe, Lastenausgleich).
Heimatlose Ausländer bedurften keines Aufenthaltstitels und wurden unter erleichterten Bedingungen eingebürgert. Der Status „Heimatloser Ausländer" vererbte sich an die Nachkommen, erlosch jedoch bei Änderung der Staatsangehörigkeit. „Heimatlose Ausländer" besaßen kein Wahlrecht und keinen deutschen Reisepass, konnten aber beides durch Einbürgerung erwerben.

Die Trägerschaft des Heimes übernahmen ab Juli 1950 zunächst für vier Jahre kommissarisch das Hilfswerk der Evangelischen Kirche sowie der katholische Caritas-Verband. Ab 1955 war das Hilfswerk der Evangelischen Kirche vertraglich alleine für die Trägerschaft zuständig.

Abb. 2: Haus I (Block I) im Altersheim für heimatlose Ausländer. Fotoalbum Altersheim, Archiv Heimatverein Varel.

I.2. Nationalitäten der Bewohner

In fünf Wohnblöcken der ehemaligen Kaserne lebten zwischen 1950 und 1959 bis zu knapp 1000 ältere Männer und Frauen, die aus Ost- und Südosteuropa stammten. Die Bewohner wurden nach Nationalitäten getrennt und möglichst geschlossen auf die einzelnen Häuser verteilt.

I.2.1. Balten

Die große Mehrheit der Bewohner stammte aus den drei **baltischen Staaten Lettland, Estland und Litauen**, die nach dem Ersten Weltkrieg unabhängig geworden waren, in der Anfangsphase des Zweiten Weltkrieges (Frühjahr 1940) aber von der Sowjetunion annektiert wurden. Nach dem deutschen Überfall auf die UdSSR im Juni 1941 gelangten die baltischen Republiken zeitweise unter deutsche Besatzung. Als sich das Kriegsgeschehen 1944 zu Ungunsten der Wehrmacht und Hitler-Deutschland gewendet hatte und die sowjetischen Truppen immer weiter nach Westen vorrückten, entschlossen sich viele Esten, Letten und Litauer zur Flucht in Richtung Westen. Manche der Flüchtenden trieb die Furcht, dass die stalinistische Regierung der UdSSR mit ihnen ähnlich verfahren

würden wie schon einmal 1940/41, als die Führungsschicht in den baltischen Staaten in sowjetische Zwangslager deportiert oder in vielen Fällen liquidiert wurde. Die sich in Deutschland aufhaltenden Balten hatten damit auch nach 1945 an einer Repatriierung aus Deutschland wenig Interesse, solange die Sowjetunion die baltischen Staaten besetzt hielt.
Trotz vieler Vorurteile und einer weit verbreiteten Ablehnung von DPs in der deutschen Bevölkerung gab es dort aber gewisse Abstufungen hinsichtlich der Wahrnehmung einzelner Gruppen und ihrer Herkunft. Dies betraf insbesondere die Balten, die im öffentlichen Narrativ oft als arbeitsam und tüchtig sowie kulturell und geschichtlich den Deutschen nahe stehend empfunden wurden. Zudem waren sie Antikommunisten und teilten Erfahrungen, die auch die aus den ehemaligen Ostgebieten des Deutschen Reiches vertriebenen und geflüchteten Deutschen gemacht hatten.

Abb. 3: Bildunterschrift: *„Lettenkonzert vor Block V im Altersheim. Es spielte die Militärkapelle der R.A.F.* [Royal Air Force] *Jever. Im August 1956."* Fotoalbum Altersheim, Archiv Heimatverein Varel.

Lettland

Bei der Einrichtung des Heimes im Februar 1950 waren die 395 aus Lettland stammenden Menschen die zahlenmäßig größte Volksgruppe. Ende November 1955 waren es noch 283 Personen, ein Anteil von 39% aller Bewohner*innen. Die Zahl verringerte sich bis auf etwa 200 im Jahre 1959. Es gab im Altersheim am Steinbrückenweg ein Lettisches Komitee. Präses war **Julijs Bumanis**[2]. Er leitete auch den 1950 gebildeten lettischen gemischten Chor. Im Heim gründete sich am 13. April 1950[3] eine Ortsgruppe des 1945 entstandenen und nationalistisch ausgerichteten lettischen Vereins „Daugavas Vanagi" (deutsch: „Dünafalken"), an dessen Spitze ebenfalls Julijs Bumani stand.
Das lettische Komitee organisierte für die Bewohner des Heimes einige Konzerte lettischer Künstler von internationalem Rang.

---

2 Zu Julijs Bumanis vgl. biografische Skizze in Kapitel III.
3 Die Ortsgruppe feierte 1960 ihr zehnjähriges Bestehen. Vgl. „Nordwest-Zeitung", 9. Mai 1960.

Abb. 4: Teodors Grinbergs. Sammlung Frerichs (WIKIPEDIA).

Regelmäßig wiederkehrende Veranstaltungen waren die jährlichen Gedenkfeiern an die Deportationen im Baltikum während der sowjetischen Besetzung 1940/41 sowie zum Tag der Unabhängigkeitserklärung Lettlands am 18. November 1919.
Einen Höhepunkt aus religiöser Sicht bildeten für die Letten im September 1951 und August 1952 zwei Besuche von **Teodors Grīnbergs**, dem Erzbischof von Riga und der Evangelisch-Lutherischen Kirche Lettlands im Exil.

Die in Varel verbliebenen Letten und Lettinnen zogen bei der Heim-Auflösung in neuerrichtete Heime in Oldenburg, Delmenhorst und in ein DRK-Heim in Springe am Deister.
Einige kamen gemeinsam mit dem Präses ihrer Volksgruppe, Julijs Bumanis, in das neue Altersstift „Simeon und Hanna“ in der Oldenburger Straße.

Im August 1967 lebten dort noch 26 Letten und Lettinnen. **Rita Silins**[4] war 1997 die letzte aus dieser Gruppe, die in Varel starb und auf dem evangelisch-lutherischen Friedhof neben ihren Eltern bestattet wurde. Der Grabstein mit den Lebensdaten der drei Familienmitglieder ist erhalten.

Litauen

Wie die Letten waren die litauischen DPs in der Regel keine ehemaligen Zwangsarbeiter, sondern Flüchtlinge, die Angst hatten, in ihrer Heimat von den sowjetischen Besatzern unterdrückt zu werden. Ende November 1955 lebten 46 Litauer*innen im Heim, das waren knapp 6% der Bewohner*innen.
Präses des Litauer-Komitees im Heim war bis zu seinem Tod 1956 zunächst der Landwirt **Stasys Sarpalius.**[5] Er wurde am 16. Juli 1884 in Vilkavisikis geboren, katholisch getauft, war verheiratet und lebte seit dem 28. Februar 1951 im Heim. Er verstarb am 5. September 1956 im Altersheim in Varel. Sein Grabstein ist nicht erhalten.
Als sein Nachfolger wird in der Presse noch **H. Matisas** erwähnt („Nordwest-Zeitung“, 5.9.1956), über den keine weiteren Hinweise aufzufinden waren.

Estland

Ende November 1955 lebten 73 Männer und Frauen aus Estland im Heim, das waren knapp 10% der Bewohner*innen.
Präses des Esten-Komitees war bis zu seinem Tod 1958 der Kaufmann **Karl Busch**[6]. Er wurde am 20. Januar 1885 in Tartu geboren, war protestantisch getauft und verheiratet mit Anna, geborene Alja, geboren am 29. November 1882 in Mäksa. Busch war mit seiner Ehefrau am 21. Februar 1950 in das Heim in Varel gekommen. Er verstarb am 16. September 1958 im Altersheim in Varel. Sein Grabstein ist nicht erhalten.
Seine Witwe gehörte zu der Gruppe von Esten, die erst nach der offiziellen Schließung des Heimes im November 1960 aus Varel in ein DRK-Heim nach Springe an der Deister verlegt wurden.

---

4 Zur Familie Silins vgl. biografische Skizze in Kapitel III.
5 Vgl. DP-Akten im Arolsen Archives. Karl Busch: DP-Nr. 201026, IRO-Nr. 346868.
6 Abweichende Schreibweise des Familiennamens in der Meldekarte Varel: Bush.

Im Bildarchiv des „Herder-Institut für historische Ostmitteleuropaforschung“ in Marburg sind einige Fotografien überliefert, die sowohl die Mitglieder der Volksgruppe vor ihrem Wohnblock wie auch die Mitglieder der „Leitung der estnischen Gruppe“ zeigen.
Ein weiteres Bild zeigt den Arzt **Dr. Eduard Gens**, der in der Bildbeschreibung als „Gruppenältester“ der Esten im Vareler Altersheim benannt wird. Er wurde am 28. August 1883 in Kavastu im Distrikt Walga in Estland geboren und war protestantisch getauft. Eduard Gens war ledig. 1906 bis 1912 absolvierte er ein Medizinstudium. Wie aus den Dokumenten im Arolsen Archives hervorgeht, flüchtete er im September 1944 aus Estland. Eine angestrebte Emigration in die USA scheiterte. Er kam am 5. März 1951 aus einem DP-Camp in Hannover in das Vareler Heim. Eduard Gens beherrschte neben seiner Muttersprache auch russisch und deutsch. Er gehörte ebenfalls zu der Gruppe von Esten, die mit Verspätung im November 1960 aus Varel in ein DRK-Heim nach Springe an der Deister verlegt wurden. Eduard Gens verstarb dort am 18. Juli 1969.

Abb. 5: *„Esten im Vareler Altenheim vor ihrem Block“*. Herder-Institut Inv. Nr. 152677.

Abb. 6 / 7: Links: *„Leitung der estnischen Gruppe im Vareler Altersheim“*. Herder-Institut Inv. Nr. 152678.
Rechts: *„Dr. Edgar Gens* [sic!] *(Arzt aus Valga-Walk), Gruppenältester der Esten im Vareler Altenheim“*.
Herder-Institut Inv. Nr. 152669.

I.2.2. Polen

Eine zahlenmäßig größere Gruppe bildeten die **Polen und Polinnen**. Ende November 1955 lebten 89 Polen und Polinnen im Heim, das waren knapp 12% der Bewohner*innen. Hier handelte es sich im Unterschied zu den Balten auch um viele ehemalige Zwangsarbeiter*innen, die aus Gründen wie Alter und Krankheit, aber auch wegen der Ablehnung des in Polen nach 1945 entstandenen kommunistischen Regimes nicht in ihr Heimatland zurückkehren konnten bzw. wollten.

I.2.3. Russen und Ukrainer

Aus der damaligen Sowjetunion (UdSSR) stammten einige **Russen** und vor allem **Ukrainer**:
Ende November 1955 zählte man 16 Russen und 109 Ukrainer im Heim, das waren 17% der Bewohner*innen. In den Namenslisten werden einige Russen bei der Angabe der Nationalität mit „Nansen-Status" aufgeführt: Sie besaßen einen sogenannten Nansen-Paß, der schon nach dem Ersten Weltkrieg für Russland-Flüchtlinge eingeführt worden war, die als „Staatenlos" galten.

Abb. 8: Mitar Vukicevic. Arolsen Archives.

I.2.4. Jugoslawen (Serben)

Die jugoslawische (serbische) Gruppe im Altersheim bestand zum größten Teil aus Männern. Etliche waren ehemalige Offiziere, die wegen ihrer politischen Einstellung nicht in ihr nach 1945 von Marschall Tito kommunistisch regiertes Heimatland zurückkehren konnten.
Ende November 1955 lebten 24 Jugoslawen im Heim, das waren etwa 3% der Bewohner*innen.
Sprecher dieser Gruppe war bis zu seiner Abreise im Herbst 1956 der **Oberst a. D. Mitar Vukicevic**, geboren am 7. September 1889 in Tresnjevo (Montenegro). Er gehörte der serbisch-orthodoxen Kirche an, war verheiratet und hatte zwei Kinder. Seine Familie blieb in der Heimat.
Im April 1941 geriet er als Oberstleutnant der jugoslawischen Armee in deutsche Kriegsgefangenschaft und wurde im Oflag VI C Eversheide bei Osnabrück interniert. Nach seiner Befreiung im April 1945 lebte er in den DP-Camps Sengwarden, Esens, Bockhorn sowie zuletzt im DP-Lager Osterode / Harz. Von dort kam er im Juni 1950 ins Altersheim nach Varel. Er verließ das Heim laut Meldekarte am 15. Oktober 1956 und emigrierte in die USA.

I.2.5. Ungarn-Flüchtlinge 1956/57

Am 9. Dezember 1956 gelangte nach der Niederschlagung des Ungarn-Aufstandes durch sowjetische Truppen über die Zwischenstation Hannover eine Gruppe von 28 Ungarn-Flüchtlingen, darunter acht Kinder, in das Altersheim in Varel.

I.2.6. Sonstige Nationalitäten

Eine Aufstellung von Ende November 1955 weist noch drei Tschechen, fünf Rumänen, einen Ungarn, einen Österreicher sowie auch 57 „Deutsche und Deutschen gleichgestellte Personen" auf.

I.3. Heimleitung und Fürsorgeabteilung

Abb. 9: Verwaltungsgebäude am Eingang des Geländes. Fotoalbum Altersheim, Archiv Heimatverein Varel.

In der Phase der treuhänderischen Verwaltung von 1950 bis 1954 waren im Altersheim Varel als **Heimleiter der vorherige Geschäftsführer des Evangelischen Hauses in Oldenburg, Herbert Pleus**, sowie der **Caritas-Sekretär Bruno Vieth, Wilhelmshaven**, eingesetzt. Herbert Pleus übernahm ab 1955, als ein regulärer Vertrag mit dem Hilfswerk der Evangelischen Kirche Oldenburg über die Heimverwaltung zustande kam, die alleinige Heimleitung. In der letzten Phase des Heimes 1958/59 bis zur Auflösung folgte ihm noch **Herr Westphal**.
Als Leiterin der Fürsorgeabteilung im Heim wird zunächst **Frau Löscher** genannt, gefolgt von **Gerda Burchard**. Zur Unterstützung der Heimleitung gab es als Oberaufsicht noch fünf Ehepaare als sogenannte **„Hauseltern"**. Diese lebten, wie ein großer Teil des weltlichen Leitungspersonals, gemeinsam mit ihren Kindern in Wohnungen auf dem Heimgelände. Erfolgte die Einstellung eines Heimleiterehepaares, kümmerte sich die Frau um die Hauswirtschaft und die Pflege, der Mann um Verwaltungsaufgaben sowie die handwerklichen Arbeiten.

Abb. 10 / 11: Heimleiter Herbert Pleus (links) und Nachfolger Westphal.
Fotoalbum Altersheim, Archiv Heimatverein Varel.

Abb. 12: Bildunterschrift: *„Die Hausmütter – Frau Wilk, Frau Meyer, Frau Wulff, Frau Drews – 1956 -“.* Fotoalbum Altersheim, Archiv Heimatverein Varel.

Abb. 13: Bildunterschrift: *„Frau Burchard mit Lumpen“* (im Kleidungsdepot) Fotoalbum Altersheim, Archiv Heimatverein Varel.

I.4. Funktionsgebäude und Versorgungseinrichtungen

Jeder der fünf Wohnblöcke mit zusammen zehn Gebäuden hatte im Grundriss die Form eines „H“; es gab in den Gebäuden jeweils nur ein Erd-, ein Ober- sowie das Dachgeschoss.
Es handelte sich bei den ehemaligen Kasernen zwar um eine Art Provisorium, im Vergleich zu den damaligen Heimen für deutsche Flüchtlinge waren die Wohnbedingungen teilweise jedoch ansprechender. So bot das Vareler Altersheim den Bewohnern eine komfortablere Ausstattung mit fließendem Wasser und Zentralheizung. Ehepaare konnten gemeinsam ohne weitere Mitbewohner*innen in eigenen Räumen untergebracht werden. Daneben verfügte das Altersheim über die für den wirtschaftlichen Betrieb notwendigen Funktionsgebäude und verschiedene Versorgungseinrichtungen, die nachfolgend in Bild und Text vorgestellt werden.

I.4.1. Kesselhaus

Abb. 14: Kesselhaus. Fotoalbum Altersheim, Archiv Heimatverein Varel.

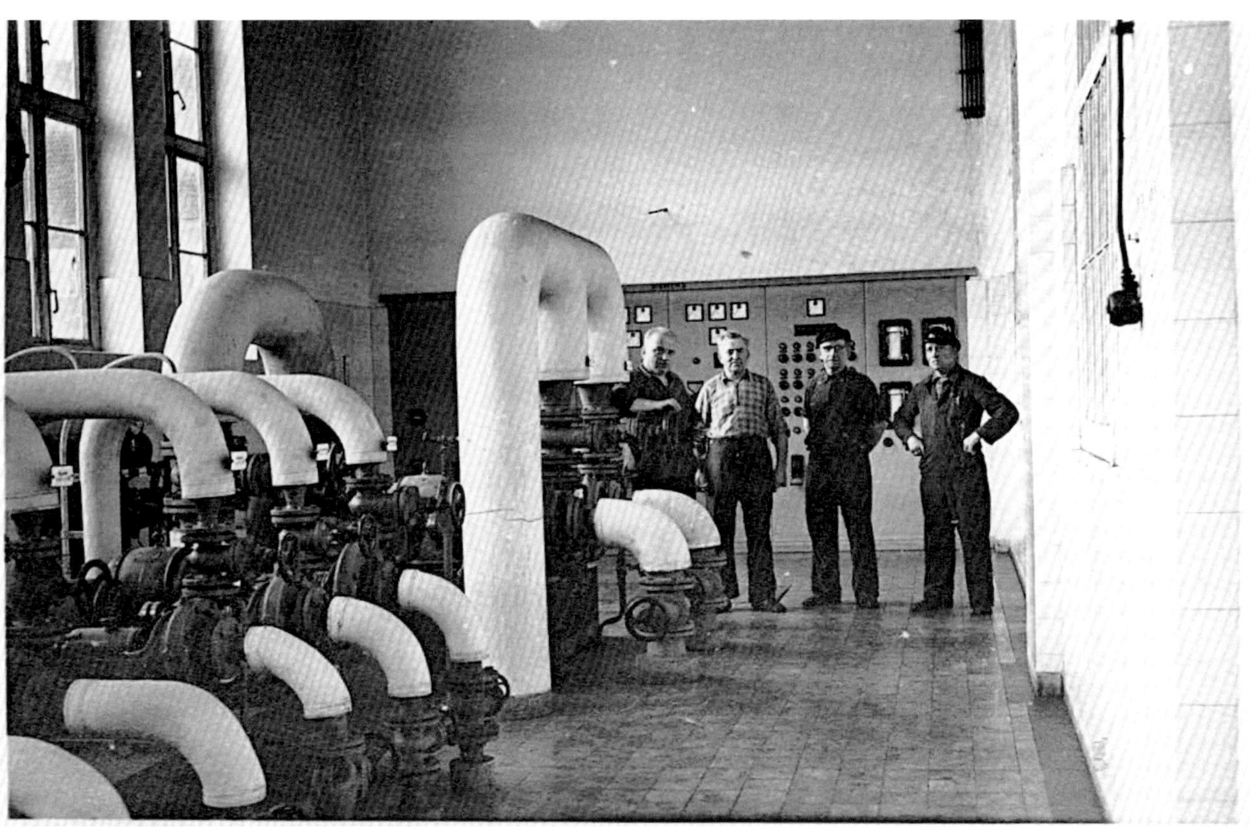

Abb. 15 / 16: Innenansichten Kesselhaus. Fotoalbum Altersheim, Archiv Heimatverein Varel.

1.4.2. Wäscherei und Matratzen-Lager

Abb. 17 / 18: Wäscherei (oben) und Matratzen-Lager. Fotoalbum Altersheim, Archiv Heimatverein Varel.

1.4.3. Kantine

Die von dem Heimpersonal zubereiteten Mahlzeiten wurden von den Bewohner*innen in der Regel auf den eigenen Zimmern eingenommen. Sie konnten sich zudem neben den regulären Mahlzeiten in einer eigenen Heim-Kantine mit allerlei sonstigen Bedarfsgegenständen versorgen.

Abb. 19 / 20: Bildunterschriften: *„Kantine im Altersheim"* (oben) und *„In der Kantine Frau Westphal und Frau Theilen"*. Fotoalbum Altersheim, Archiv Heimatverein Varel.

Abb. 21: Bildunterschrift: *„Verpflegungsausgabe in Haus III"* Fotoalbum Altersheim, Archiv Heimatverein Varel

1.4.4. Landwirtschaft und Viehzucht, private Parzellen der Bewohner zur Kleintierhaltung

Die Verwaltung des Heimes betrieb zur Förderung der Selbstversorgung der Einrichtung eine eigene kleine Schweinezucht, auch Getreide und Heu wurde gesät bzw. geerntet und eingefahren.

Abb. 22: Bildunterschrift: *„Der Schweinestall"*.
Fotoalbum Altersheim, Archiv Heimatverein Varel.

Abb. 23: Bildunterschrift: *„Der Säemann“*. Fotoalbum Altersheim, Archiv Heimatverein Varel.

Abb. 24: Bildunterschrift: *„Die Ernte“*. Fotoalbum Altersheim, Archiv Heimatverein Varel.

Abb. 25: Bildunterschrift: *„Heuernte – Getreideernte im Altersheim. Im August 1956“*. Fotoalbum Altersheim, Archiv Heimatverein Varel.

Abb. 26: Bildunterschrift: *„Heuernte – Getreideernte im Altersheim. Im August 1956"*.
Fotoalbum Altersheim, Archiv Heimatverein Varel.

Den Heimbewohner*innen wurde auf dem Gelände hinter den Gebäuden 25 qm Fläche zugestanden, die sie für private Zwecke, z.B. Gemüsezucht oder Kleintierhaltung, nutzen konnten. Mit der Zeit entstand so ein Sammelsurium aus provisorischen Schuppen, das im Vareler Volksmund die Bezeichnung **„Klein Korea"** bekam.

Ein Bericht der Lokalpresse von Ende 1955 beschrieb dieses Phänomen so:
„Alte, bärtige Männer mit Baßstimmen, mitunter auch Greisinnen, ein buntes Kopftuch unter dem Kinn geknotet, haben sich innerhalb des Kasernengeländes aus lauter Liebe zur Kleintierhaltung und um ihrer wirtschaftlichen Vorteile willen eine kuriose 'zweite Front' hinter den Kasernen errichtet.
Das sind lauter selbstgebaute Ställe, Schuppen, Ausläufe und Gehege. Zwischen den improvisierten Wänden und Zäunen, lauter buntes Gewirr von Maschendraht, Wellpappen, Kistendeckeln, Pfählen und rohen Backsteingefügen stolziert zärtlich umhegt, Federvolk aller Gattungen und Rassen und konkurriert mit einer Unmenge der Stallhasen. (...)."[7]

7 Bericht in „Nordwest-Zeitung", 31. Dezember 1955.

Abb. 27: Bildunterschrift: *„Klein Korea“*. Fotoalbum Altersheim, Archiv Heimatverein Varel.

Abb. 28: Bildunterschrift: *„Strelecki mit seinen Lieblingen. - 1956 -“*
Fotoalbum Altersheim, Archiv Heimatverein Varel

1.4.5. Hauseigener „Fuhrpark“ (VW-Transporter)

Abb. 29: Bildunterschrift: *„Herr Zahn mit dem Heimwagen“* Fotoalbum Altersheim, Archiv Heimatverein Varel.

Abb. 30: Bildunterschrift: *„100.000 km. Fahrer Zahn im Altersheim“* Fotoalbum Altersheim, Archiv Heimatverein Varel.

Abb. 31: Bildunterschrift: *„100.000 km. Fahrer Zahn im Altersheim“.* Fotoalbum Altersheim, Archiv Heimatverein Varel.

Abb. 32: Bildunterschrift: „*Vor der Krankenstation im Sommer 1956*“. Fotoalbum Altersheim, Archiv Heimatverein Varel.

I.5. Medizinische Versorgung (Krankenstation und Ambulanz, Pflegepersonal und Heimarzt)

Das Altersheim verfügte über eine eigene **Krankenstation**, allerdings ohne eine Abteilung für chirurgische Fälle. Die Station umfasste 188 Betten, von denen Belegungszahlen zwischen 140 bis 150 Patienten überliefert sind. Zur medizinischen **Ambulanz** kamen im Durchschnitt, so wird berichtet, dreimal wöchentlich 40 alte Menschen aus dem Heim. Soweit die entsprechenden Behandlungsfälle nicht im Heim selbst versorgt werden konnten, stand in Varel das nahe gelegene katholische St. Johannes-Hospital am Bleichenpfad zur Verfügung. Insbesondere die ehemaligen Zwangsarbeiter*innen unter den Bewohner*innen hatten wegen der jahrelangen rücksichtslosen Ausnutzung ihrer Arbeitskraft und der allgemein schlechten Lebensbedingungen sehr häufig unter vorzeitigen Alterserscheinungen und chronischen Erkrankungen zu leiden. Manche Heimbewohner waren durch psychische Erkrankungen, schweren Alkoholismus und Verfolgungsängste massiv beeinträchtigt. Wie in der gesamten Kranken- und Altenpflege in Deutschland bestand damals auch im Altersheim für heimatlose Ausländer in Varel trotz aller Bemühungen des Personals ein großer Mangel an krankenpflegerisch ausgebildeten Mitarbeitern. Beschäftigt wurden evangelische Mutterhaus-Schwestern. In jedem Wohnblock befand sich eine **Heimschwester**. Eine Zeitungsnotiz vom Dezember 1953 berichtet über eine Zahl von 15 deutschen Schwestern im Heim. Das Pflegepersonal wurde vom **Agnes-Karll-Verband** gestellt.

Abb. 33: Bildunterschrift: „*Geburtstag von Schwester Vera Frey. Im Juni 1956*“. Fotoalbum Altersheim, Archiv Heimatverein Varel.

Abb. 34: Bildunterschrift: *„Oberschwester Hedwig Scheibe. Im September 1956"*. Fotoalbum Altersheim, Archiv Heimatverein Varel.

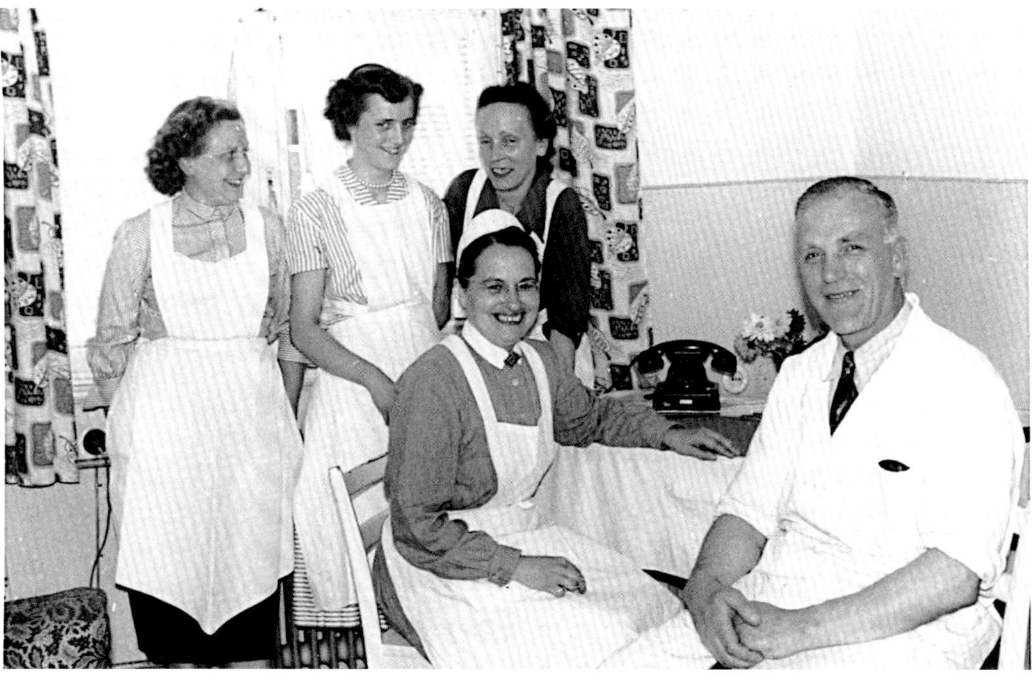

Abb. 35: Bildunterschrift: *„Frl. Hannchen, Mariechen, Frl. Scheffler, Schwester Elsa, Herr Ralle" [in einer Krankenstube]*. Fotoalbum Altersheim, Archiv Heimatverein Varel.

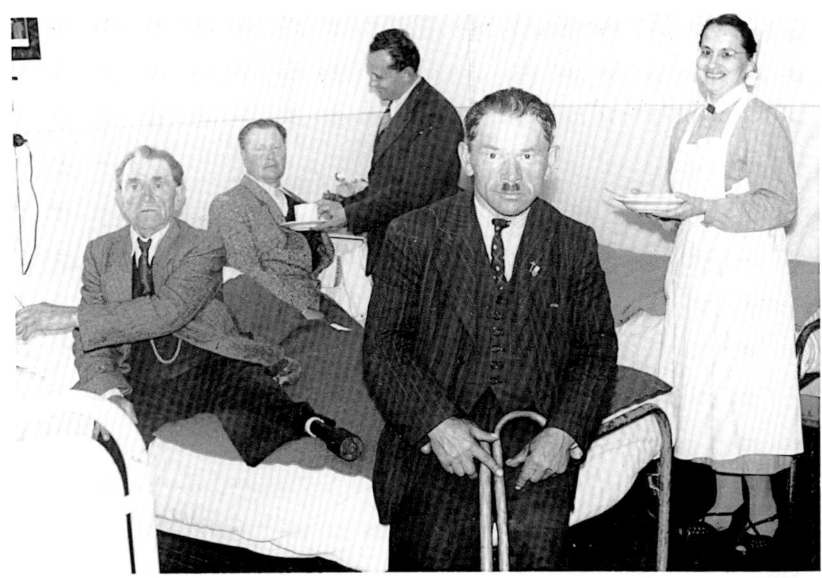

Abb. 36: Bildunterschrift: „*...in einer Krankenstube*". Fotoalbum Altersheim, Archiv Heimatverein Varel.

Als **Heimarzt** war **seit 1952** der aus dem Baltikum stammende **Walter Friedrich Cleemann**, Facharzt für Chirurgie, tätig. Walter Cleemann wurde am 8. Januar 1891 im Pastorat Pinkenhof, Kreis Riga (Lettland) geboren. 1918 hatte er in Dorpat seine lettische Approbation erlangt, die deutsche Approbation erfolgte 1939. Er promovierte 1941. 1914 bis 1920 absolvierte er einen Militärdienst. 1921 bis 1926 arbeitete er im Deutschen Krankenhaus Riga und in der Chirurgischen Klinik Jena, von 1926 bis 1939 betrieb er eine chirurgische und orthopädische Praxis in Riga.
1940 bis 1945 war er Chefarzt am Kreiskrankenhaus Ostrowo (damals Warthegau im Generalgouvernement, heute Polen).[8]

Abb. 37: Bildunterschrift: „*Herr Pleus,* ***Dr. Cleemann****, Frau Burchard*".
Fotoalbum Altersheim, Archiv Heimatverein Varel.

---

8 Vgl. Prof. Dr. A. Hübner (Hg.): Chirurgenverzeichnis 1958, Springer-Verlag Berlin / Heidelberg, 1958, S. 126.

I.6. Konfessionen, Gottesdienst und Seelsorge

Die Bewohner*innen aus Lettland und Estland waren zumeist evangelisch-lutherischer Konfession, die Polen und Litauer römisch-katholischen Glaubens; hinzu kamen die griechisch-orthodoxen Russen, Ukrainer, Rumänen und Jugoslawen, sowie griechisch-katholische bzw. unierte Ukrainer. Hinzu gesellten sich vereinzelte Angehörige anderer protestantischer Glaubensrichtungen (Baptisten, Adventisten). Im Juni 1951 zählte man bei insgesamt 887 Bewohnern, davon 389 Männer und 498 Frauen,

- 477 evangelisch-lutherische Protestanten,
- 189 Katholiken,
- 208 Orthodoxe,
- elf Baptisten,
- zwei Adventisten.

Ende 1955 waren von insgesamt 750 Bewohnern

- 400 Protestanten,
- 180 Orthodoxe,
- 170 Katholiken.

Für die drei großen christlichen Konfessionsgruppen (Protestanten, Katholiken und Orthodoxe) wurden in den Ober- bzw. Dachgeschossen der Wohnblocks besondere **Räume für den Gottesdienst** geschaffen. Zur seelsorgerischen Betreuung gab es **Heim-Pfarrer**, die teils selbst im Heim lebten oder von außerhalb regelmäßig die Bewohner aufsuchten. Auch katholische und evangelische Amtsträger der Kirchengemeinden in Varel kümmerten sich um die Bewohner. Zeitweise fanden im Heim „Ökumenische Rundgespräche“ unter Leitung des Vareler evangelischen Pastors Maas statt. In allen niedersächsischen „Lagern für heimatlose Ausländer“, wie die offizielle Bezeichnung lautete, waren zu Anfang des Jahres 1951 insgesamt 16 katholische, elf orthodoxe und zwei protestantische Geistliche als Seelsorger tätig. Sie erhielten ab Dezember 1950 von der Landesregierung in Hannover Unterhaltsbeihilfe, aber kein festes Gehalt.[9]

Abb. 38: Alfred Grinbergs Foto um 1945. Arolsen Archives.

I.6.1. Evangelische Seelsorger im Heim

Da die Letten im Altersheim die zahlenmäßig größte Gruppe stellten und ausnahmslos der evangelischen Konfession angehörten, bildeten somit die Protestanten insgesamt die größte konfessionelle Gruppe im Heim.

Als **lettischer evangelisch-lutherischer Seelsorger** war zunächst der **Probst Alfreds Grinbergs** tätig, der selbst mit seiner Ehefrau Milda als Bewohner im Heim lebte.

Alfreds Grinbergs wurde am 27. Oktober 1883 in der Gemeinde Bukaisi (zaristisches Russland, heute Lettland) geboren.

Nach einem Studium von 1922 bis 1926 an der Universität Riga machte er dort sein theologisches Examen. Im Oktober 1944 war er über Gotenhafen nach Deutschland geflohen. Nach Aufenthalten ab Mai 1945 in den DP-Camps Rendsburg, Pinneberg und Bodenteich gelangte er 1950 in das Vareler Altersheim.

9 Offizialiatsarchiv Vechta, Bestand A, Nr. 2-62 (Ausländerseelsorge).

Abb. 39: Paulis Urdze, Foto um 1945. Arolsen Archives.

Ab 1955 betreute von Oldenburg aus **Paulis Urdze** die protestantischen Letten im Vareler Altersheim.
Er wurde am 21. November 1920 in Litauen geboren, war aber lettischer Nationalität. Nach dem Besuch der Grundschule von 1929 bis 1934 war er im Anschluss bis Juni 1939 Schüler am Gymnasium der Lettischen Evangelischen Kirche in Riga und begann dann ein Theologie-Studium an der Universität Riga. Als die Sowjetunion die baltischen Staaten besetzte, musste er sein Studium abbrechen und gelangte bereits 1941 im Zuge einer Umsiedlung von „deutschstämmige Balten" ins Deutsche Reich.
Er wurde zur Wehrmacht eingezogen und war im Fronteinsatz in der Ukraine, Pommern und der Tschechei. Bei Kriegsende geriet er in amerikanische Kriegsgefangenschaft, nach der Freilassung setzte er sein Studium fort und beendete dies zuletzt in Bonn 1955 mit dem Fakultätsexamen.
Im gleichen Jahr übernahm er die vakante Stelle eines Seelsorgers für die Lettische Kolonie in Oldenburg-Ohmstede. Kurz darauf erfolgte sein Ordination zum Pastor.
1957 heiratete er seine Landsfrau Gita Bekeris und hatte vier Kinder. Von Oldenburg aus betreute er die lettischen Protestanten im Altersheim für Heimatlose Ausländer in Varel bis zur Auflösung des Heims 1959. Paulis Urdze machte sich danach noch sehr verdient um die lettische Gemeinde in Oldenburg, er starb am 14. Juli 1985 im Alter von nur 65 Jahren.[10]

Abb. 40: Stanislaw Ren, Foto um 1945. Arolsen Archives.

I.6.2. Katholische Seelsorger im Heim

Für die Minderheit der römisch-katholischen Bewohner*innen im Altersheim in Varel, zumeist aus **Polen**, war zunächst der Priester **Stanislaw Ren** zuständig.
Stanislaw Ren wurde am 29. April 1909 in der Gemeinde Szamotuly (Woiwodschaft Großpolen) geboren. Von 1929 bis 1934 besuchte er ein römisch-katholisches Priesterseminar in der Provinz Poznan (Posen). 1937/38 war er als Kaplan in einem Ursulaner-Kloster in Polen tätig. Er diente bei Beginn des Zweiten Weltkrieges als Kaplan in der polnischen Armee und geriet im September 1939 in deutsche Kriegsgefangenschaft, aus der er aber während eines Lazarett-Aufenthaltes fliehen konnte. Anschließend wirkte er als katholischer Pfarrer im Kreis Ostrow.
Im Juni 1941 wurde er von der Geheimen Staatspolizei im besetzten Polen verhaftet. Nach verschiedenen Gefängnisse - u.a. in Kalisz, Lodz und Breslau – brachten ihn die Deutschen ins Konzentrationslager Dachau. Dort blieb er als Häftling bis zur Befreiung des Lagers im April 1945 und zählte zu den Mitgliedern des Internationalen Gefangenen-Komitees.

10 Zu Paulis Urdze vgl. diverse Dokumente im Arolsen Archives (u.a. CM 1-Akte); Günter Heuzeroth: Baltenflüchtlinge nach dem Zweiten Weltkrieg im deutschen Exil - dargestellt an den Baltenkolonien im Oldenburger Land, Oldenburg 2014; sowie https://paulis.urdze.lv/ (Zugriff 16.10.2021).

Nach seiner Befreiung durch die US-Armee wirkte er ab Juni 1945 zunächst als Kaplan in einem DP-Lager in Ostrhauderfehn (Leer). Im September 1948 gehörte er zu den Bewohnern des polnischen DP-Camps in Varel, das bis Ende 1949 in den ehemaligen Marine-Kasernen bestand, bevor dort das DP-Altersheim eingerichtet wurde.
Bei einer Befragung im Januar 1949 erklärte er, aus Angst vor politischer Repression im nun kommunistisch regierten Polen nicht in seine Heimat zurückkehren zu wollen.
Bis zu seinem Umzug nach Westrhauderfehn im Dezember 1950 (siehe Meldekarte) lebte Ren zunächst selbst im Altersheim, um dort die römisch-katholischen Polen seelsorgerisch zu betreuen. Ren bat im Februar 1951 den Caritas-Direktor in Vechta um die Weiterführung der bislang geleisteten finanziellen Unterstützung, wobei er ausführlich Rechenschaft über seine Tätigkeit ablegte. Demzufolge hatte er für die religiöse Betreuung nicht nur im **Altersheim Varel (mit seinerzeit 177 Katholiken)** zu sorgen, sondern auch im DP-Lager Bockhorn-Friedrichsfeld. Ferner war er für die ständig wechselnden Bewohner der Transit-Lager in Sengwarden und Aurich zuständig. Seine Tätigkeit beschränkte sich nicht auf die rein religiöse Betreuung durch Gottesdienste, Sakramenten-Spendung und Religionsunterricht, sondern umfasste auch die soziale Fürsorge und die Bearbeitung von Anträgen der Bewohner für die Emigration.
Zu beiden Aufgabenfeldern machte Ren detaillierte Angaben. Besonders die vielen Fahrten zwischen den verschiedenen Lagern, Heimen und Hospitälern erforderte einen hohen Kostenaufwand. Ren wurde kurz darauf nach Hildesheim versetzt.[11]

Rens Aufgaben in den oldenburgischen und ostfriesischen DP-Lagern übernahm zum 1. Mai 1951 der **Pfarrer Alexander Lukomski**. Er wurde am 29. März 1902 im polnischen Parysow (Kreis Kutno) geboren. Er besuchte die Volksschule in Parysow, das Priesterseminar absolvierte er in Warschau. Lukomski war bereits im November 1939 im besetzen Polen für 16 Tage in deutsche Haft geraten, Ende August 1940 von der Gestapo erneut verhaftet worden und seit dem 14. Dezember 1940 Häftling im Konzentrationslager Dachau.

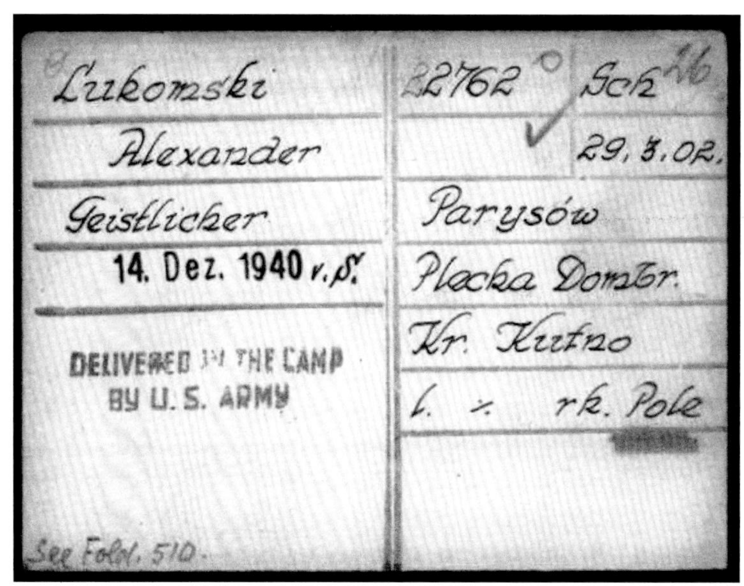

Lukomski | 32762 Sch
Alexander | 29.3.02.
Geistlicher | Parysów
14. Dez. 1940 v.S. | Placka Dombr.
Kr. Kutno
DELIVERED IN THE CAMP BY U.S. ARMY
L. – rk. Pole
See Fold. 510.

Abb. 41: Karteikarte zu Alexander Lukomski aus dem Konzentrationslager Dachau.
(„Sch“ = „Schutzhäftling“; 32762 = Häftlings-Nr.; L = Ledig; rk = römisch-katholisch.
Der rote Stempeleindruck stammt von US-Bearbeitern nach der Befreiung. Arolsen Archives.

11 Zu Ren vgl. diverse Dokumente im Arolsen Archives (u.a. CM 1-Akte) sowie Bernhard Frings / Peter Sieve: Zwangsarbeiter im Bistum Münster. Kirchliches Handeln im Spannungsfeld von Arbeitseinsatz, Seelsorge und Krankenpflege. Münster 2003: S.332ff.

Warschauer Priester für polnische Gläubige

EJ Bockhorn. Alexander Lukomski, der im Raume Varel/Friesische Wehde als Seelsorger für die polnischen Gläubigen wirkt, wurde 70 Jahre alt. Lukomski wurde am 13. März 1927 in Warschau zum Priester geweiht, wirkte später als Pfarrer in einer Gemeinde bei Warschau. Von dort wurde er im Laufe des Kriegsgeschehens in das Konzentrationslager Dachau gebracht, wo er bis zum Ende des zweiten Weltkrieges blieb.

Pfarrer Lukomski wohnt in Osnabrück; eine zweite Wohnung hat er in Bockhorn. Hier trifft man ihn freitags, sonnabends und sonntags. Lukomski betreut auch seine Landsleute in Oldenburg, Delmenhorst, Bad Zwischenahn und Osnabrück seelsorgerisch und hält dort Gottesdienste. Er erfreut sich bei den im hiesigen Raum lebenden polnischen Gläubigen großer Wertschätzung.

Abb. 42: „Nordwest-Zeitung", 6. April 1972. Geburtstag war der 29., nicht 13. März!

Lukomski hielt sich im Frühjahr 1950 als DP-Seelsorger im Lager Friedrichsfeld bei Bockhorn auf, wechselte dann als Bediensteter der „Mixed Service Organization" (MSO) des britischen Militärs, die zahlreiche in Deutschland lebende Polen beschäftigte, in das Transitlager in Aurich.
Als dieses Lager im Oktober 1951 aufgelöst wurde, zog Lukomski in die Kaserne Sengwarden bei Wilhelmshaven um, wo sich ein Annahme- und Umschulungsort der MSO mit häufig wechselnder Belegschaft befand.
An Sonn- und Feiertagen zelebrierte Lukomski die hl. Messe zunächst in Sengwarden, im ostfriesischen Lager Marx und im Lager Friedrichsfeld.
Von dort pflegte er nach Varel zu fahren, um im Altersheim zu übernachten und dort am Montagmorgen die hl. Messe zu feiern. Als Mitarbeiter der „Mixed Service Organization" bezog Lukomski ein festes Gehalt. Zusätzlich erhielt er für seine Aufgaben in der Lagerseelsorge regelmäßige Beihilfen vom Offizialiat in Vechta und vom Generalvikariat in Osnabrück.
Als seine Dienststelle in Sengwarden im Januar 1957 verlegt wurde, schloss sich Lukomski einer MSO-Gruppe in Osnabrück an. Er verlegte seinen Wohnsitz nach Osnabrück-Eversburg und betreute von dort aus weiterhin die polnischen Katholiken im Altersheim in Varel sowie in den Lagern Friedrichsfeld, Oldenburg und Wehnen. Mehr als 25 Jahre fungierte Lukomski als polnischer Seelsorger im Oldenburger Land.[12]

Für die religiöse **Betreuung der unierten Ukrainer** im Offizialiatsbezirk Oldenburg stand in den 1950er Jahren wie schon bereits in der Kriegszeit der griechisch-katholische Priester **Michael Moskalik** zur Verfügung.
Sein Wohnsitz war zu Anfang der 50er Jahre das Lager Seedorf bei Zeven, er übernahm dann zusätzlich die religiöse Betreuung der Ukrainer im Altersheim Varel.
Der katholische Pfarrer Sander aus Varel berichtete 1952, dass der Dechant Moskalik monatlich mindestens zweimal die **40 Mitglieder zählende ukrainische unierte Gemeinde im Altersheim** besuchte und Versehgänge und Beerdigungen durchführte.
Moskalik berichtete im Oktober 1953 über seine Tätigkeit in Varel u.a. über die Hoffnung der Bewohner des Altenheims, *„daß der Heilige Vater es erreicht, dass sie bald ihre Heimat wiedersehen. In dieser Hoffnung scheuen die alten Leuten keine weiten Wege und gehen, wenn im Lager kein eigener Gottesdienst ist, in die Stadtkirche zu Varel. (...).*"[13]
Als Seelsorger für die **litauischen Katholiken** im Altersheim wird der **Kaplan Augustinas Steigvila**, geboren am 28. August 1924, erwähnt. Er lebte im Litauer-Lager in Wehnen bei Oldenburg.[14]

12 Zu Lukomski vgl. diverse Dokumente aus dem KL Dachau im Arolsen Archives sowie Bernhard Frings / Peter Sieve: Zwangsarbeiter im Bistum Münster. Kirchliches Handeln im Spannungsfeld von Arbeitseinsatz, Seelsorge und Krankenpflege. Münster 2003: S.332ff.
13 Vgl. Frings / Sieve, a.a.O., S. 334f.
14 Vgl. Frings / Sieve, a.a.O., S. 338.

I.6.3. Orthodoxe Seelsorge im Heim

Abb. 43: Gottesdienst in der Orthodoxen Kapelle im Dachgeschoss von Block IV.
Fotoalbum Altersheim, Archiv Heimatverein Varel.

1955 zählte man 179 Angehörige der christlich-orthodoxen Glaubensrichtungen im Altersheim am Steinbrückenweg. Die meisten von ihnen stammten aus der Ukraine, Russland und Jugoslawien (vgl. im Kapitel II die Belegungsstärke vom 15.11.1955).
Unter dem Dach des Block IV befand sich eine stilgetreu eingerichtete Kapelle für diese Gemeinde. Sie war gekennzeichnet durch farbenfrohe Altäre, Ikonen, Christusfiguren vor goldenem Hintergrund und eine Trennwand zum Priesterraum, die auch als „Zarenpforte“ bezeichnet wurde (vgl. Kapitel II, Abbildung 53, unten rechts).
Ein besonderes Ereignis war im **Januar 1954** der **Besuch des russisch-orthodoxen Erzbischofs Philotheus in Varel**. Er war als Erzbischof von Weißrussland in den Westen geflohen und wirkte Mitte der 1950er Jahre als Administrator der russisch-orthodoxen Kirche in Nordwestdeutschland. Er hielt in russischer Sprache mehrere Gottesdienste in Varel ab, zu denen auch Radio Bremen einen Aufnahmewagen für eine Sendung schickte, die in der anschließenden Weltgebetswoche ausgestrahlt wurde.
In den Akten wird erwähnt, dass für die Gemeinde auch ein im Altersheim lebender orthodoxer Priester zur Verfügung stand. Der Name war vermutlich **Matejic**, weitere Hinweise sind nicht bekannt.

1.7. Beschäftigungsangebote

Für die unterschiedlichen Nationalitäten gab es eigene **Bibliotheken** mit Werken der jeweiligen muttersprachlichen Autoren. Einige **Gemeinschaftsräume** boten u.a. Zeitschriften in acht verschiedenen Sprachen. Es gab einen speziellen Raum für Filmvorführungen. Der Weltkirchenrat hatte 1953 einen gut ausgestatteten **Werkraum** gestiftet.

1.8. „Taschengeld“

Für die Stadt Varel und den Landkreis Friesland entstanden zunächst keine Fürsorgelasten, da die entsprechenden Zahlungen für die Bewohner vom Land Niedersachsen zunächst ganz übernommen wurden. Später gab es pauschalisierte Ausgleichszahlungen des Landes Niedersachsen, im übrigen hatten die heimatlosen Ausländer nach der weitgehenden rechtlichen Gleichstellung mit deutschen Staatsbürgern gleichen Anspruch auf öffentliche Fürsorgeleistungen. Der Landkreis Friesland richtete eine Verrechnungsstelle für das monatliche Taschengeld der Bewohner ein, die Auszahlung erfolgte vor Ort im Altersheim in Varel.

Abb. 44: Bildunterschrift: „*Taschengeldauszahlung im Altersheim für heimatlose Ausländer. Im August 1956.*“. Fotoalbum Altersheim, Archiv Heimatverein Varel.

Neben der staatlichen Fürsorge engagierten sich z.B. der Weltkirchenrat, der Lutherische Weltbund und der Amerikanische Caritasverband mit seiner Zweigstelle in Hannover bei der materiellen Unterstützung der Bewohner.

Das Deutsche Rote Kreuz in Friesland, die katholische und evangelische Kirche in Varel bemühten sich ebenfalls im Rahmen ihrer Möglichkeiten, den Bewohnern gelegentliche Spenden zukommen zu lassen.

1.9. Auflösung des Heimes 1959

Als die Bundeswehr die ehemaligen Marine-Kasernen wieder für militärische Zwecke reklamierte, wurde das Heim Ende der 1950er Jahre aufgelöst.
Die zuletzt dort untergebrachten etwa 460 Männer und Frauen mussten mit Beginn im Frühjahr 1959 in andere Einrichtungen inner- und außerhalb Niedersachsens umziehen:

Am 9. April 1959 erfolgte der Umzug von zwölf **römisch-katholischen Polen** in ein Heim nach **Delmenhorst-Hespenriede**; 18 weitere Polen verließen Varel am 5. Mai 1959 und bezogen ein Heim in **Salzgitter-Gebhardshagen**; eine andere Gruppe von Polen kam im August 1959 in ein Heim nach **Miesburg** bei Hannover;
alle 26 **römisch-katholischen Litauer** wurden am 18. Juni 1959 nach **Vechta** verlegt;
für die **griechisch-katholischen Ukrainer** war ab Oktober 1959 ein Heim in **Köln** als künftiger Wohnsitz bestimmt.

„Stephanusstift" in Delmenhorst

Einige **Letten** kamen, soweit sie nicht im neu errichteten Vareler Altenpflegeheim „Simeon und Hanna" unterkamen (siehe unten), in neu errichtete Heime in **Oldenburg** und **Delmenhorst**.
Über den Umzug der ersten Gruppe von 71 Letten und Lettinnen im Juli 1959 von Varel ins neu errichtete „Stephanusstift" in Delmenhorst berichtete der Gemeinde-Brief der evangelischen Kirchengemeinde Delmenhorst im Herbst 1959:

„Alte Leute in neuem Heim.

Unter dieser Überschrift lesen wir in der 'Latvija', Organ des lettischen Zentralkomitees in der Bundesrepublik – Ausgabe vom 5. September 1959 – einen Bericht über unser Stephanusstift, das am 15. Juli des Jahres [1959] in einer kleinen Feier im Beisein von Vertretern der Regierung und der Stadt seiner Bestimmung übergeben wurde. Wir geben den Artikel in Übersetzung wieder, gleichzeitig auch als besonderen Dank an die freundlichen Spenden von Zimmerpflanzen. Wir konnten Eßsaal, Sitzecken und Flure des Hauses reichlich ausschmücken.

[Es folgt die Übersetzung des Berichtes in der „Latvija":]
'Im Zusammenhang mit der Auflösung des Vareler Altersheimes werden unsere alten Väter und Mütterchen nach und nach in neue Heime in verschiedenen Städten umquartiert. ***Von den neuen Heimen war das Stephanusstift in Delmenhorst als erstes bezugsfertig; dorthin wurden schon im Juli 71 Letten aus Varel überführt****.*
Da die lettische Gesellschaft in Europa und auch in außereuropäischen Ländern sich für das Leben unserer Alten und die Verhältnisse in den neuen Heimen interessiert, machen wir nachgehend einige Mitteilungen über das Heim in Delmenhorst, da ***ähnliche Verhältnisse in den Heimen in Oldenburg und Varel*** **[Simeon und Hanna]** ***herrschen werden, wohin in Kürze die übrigen Letten aus den Vareler Kasernen überführt werden****. (...).*
Den Letten sind 42 Zimmer zugewiesen, darunter 12 Einzelzimmer. (...). Das Stephanusstift ist nach einem Projekt des Architekten Grazianski erbaut; ***den Bau hat die örtliche deutsche Gemeinde und die deutsche Regierung mit langfristigen Krediten finanziert mit der Maßgabe, daß eine gewisse Zahl heimatloser Ausländer aus dem aufzulösenden Vareler Altersheim aufzunehmen sind****. (...). Raits Ritums.'"*[15]

---

15 Gemeinde-Brief der evangelisch-lutherischen Kirchengemeinde Delmenhorst. Erntedankfest 1959.

„Louise-Dittmar-Haus“ in Darmstadt

Die **griechisch-orthodoxen Russen, Ukrainer, Jugoslawen und Rumänen** kamen in einem neuen Heim in **Darmstadt** unter. In einem Rückblick auf die Geschichte des Louise-Dittmar-Hauses in Darmstadt wird über die Ankunft der russischen Bewohner im Oktober 1959 berichtet:
„Eine bewegte Vergangenheit. Am 9.10.1959 begann für eine Gruppe russischer Emigranten ein neues Leben – ein Leben in einer neuen, ihnen noch unbekannten Stadt. Vor 50 Jahren betraten sie als erste Bewohnerinnen und Bewohner das eigens für sie erbaute Altenwohnheim, in dem sie nach vielen Entbehrungen und teils jahrzehntelanger Trennung von ihrer Heimat ein neues Zuhause fanden. Die offizielle Einweihung erfolgte am 14. November 1959. ***Eine größere Gruppe von ihnen lebte bis dahin in einer Kaserne im niedersächsischen Varel bei Oldenburg****, einige kamen aus Oldenburg und Braunschweig sowie den Landkreisen Soltau und Friesland. Sie waren in der Zeit zwischen dem 1. Weltkrieg und 1945 nach Deutschland emigriert. Es handelte sich um Angehörige der Weißrussischen Armee und Zivilisten, die während und nach der Revolution aus Russland flohen, und um Soldaten der Wlassow-Armee, die im 2. Weltkrieg auf deutscher Seite kämpfte und deren Soldaten nicht wieder in ihre Heimat zurück kehren konnten.“ (...).*
„Darmstadt. Geburtsort der letzten Zarin.
Nachdem die als Durchgangslager für Vertriebene und Emigranten genutzten Gebäude in Varel wieder ihrer eigentlichen Bestimmung als Marinekaserne zugeführt werden sollten, suchte man nach einer Bleibe für die Bewohnerinnen und Bewohner, von denen einige mittlerweile alt geworden waren. *So entschloss man sich, ein Altenheim zu bauen und fand in Darmstadt, dem Geburtsort der letzten Zarin Alexandra, Tochter des Großherzogs von Hessen-Darmstadt, eine Stadt, die für diesen Zweck Land zur Verfügung stellte. Der UNO-Hochkommissar, unter dessen Schutz die Emigranten standen, und einige andere Geldgeber finanzierten das Projekt, das unter Leitung des Evangelischen Hilfswerks der Evangelischen Kirche Hessen Nassau (EKHN) erbaut und betrieben wurde. (...).“*[16]

DRK-Heim in Springe am Deister

Die **Esten** zogen gemeinsam mit einzelnen Letten und Litauern, mit denen sie durch verwandtschaftliche Beziehungen verbunden waren, in das **DRK-Altersheim** in der Eldagsener Straße 36 in **Springe am Deister**.
Für die etwa 60 Personen, die für dieses Heim vorgesehen waren, verzögerte sich der Umzug aus Varel allerdings noch bis Anfang November 1960, da die Fertigstellung des Heimes in Springe nicht rechtzeitig erfolgte.
Sie waren daher über Ende 1959 hinaus weiter im Block III des Komplexes am Steinbrückenweg untergebracht. Ihre Betreuung erfolgte in diesem Zeitraum allerdings nicht mehr vom Evangelischen Hilfswerk, sondern vom Deutschen Roten Kreuz.
Am 9. November 1960 wurden schließlich beim Einwohnermeldeamt in Varel neben zwölf mittlerweile mit deutscher Staatsangehörigkeit eingebürgerten Balten noch drei Litauer und zwei Letten sowie 44 Esten vom Steinbrückenweg 47 nach Springe abgemeldet.

---

16 http://www.louise-dittmar-haus.de/unsere_einrichtung/geschichte.html (Zugriff 2.9.2018).

I.10. Die Lett*innen im „Simeon und Hanna“ in Varel

Der Umstand, dass von den ehemaligen Bewohnern des Heimes am Steinbrückenweg etwa 50 Männer und Frauen aus Lettland aus verschiedenen Gründen weiterhin in Varel verblieben, war der Hauptgrund für die Errichtung des evangelischen Altersstiftes „Simeon und Hanna“ in der Oldenburger Straße 61.

Träger der Einrichtung wurde zunächst ein am 27. August 1957 gegründeter Verein „Evangelisches Altersstift Varel e.V.“, der sich im August 1966 nach Erweiterung seines Aufgabengebietes nach einer Satzungsänderung in „Diakonisches Werk Varel e.V.“ umbenannte. Das Vorhaben wurde von der Stadt Varel unterstützt, ein entsprechender Beschluss des Stadtrates erfolgte im Oktober 1957:

„Kl Varel. 'Wir haben sehr gute gemeinsame Arbeit geleistet, dafür danke ich dem Rat' — das waren die Schlußworte von Bürgermeister Nieraad nach genau einstündiger Ratssitzung am Freitagabend, in der ***als wichtigster Beschluß die einmütige und freudige Zustimmung zum Bau eines Altersheimes*** *und die Unterstützung dieses Projektes durch die Stadt zu erwähnen ist.*

Es handelt sich um die ***Verwirklichung eines Planes, der spätestens in dem Augenblick aufgetaucht war, als die Wiederverwendung der Kasernen für militärische Zwecke bekannt wurde.***

Schon anläßlich der Hundertjahrfeier der Stadt wurde vom Verwaltungspräsidenten von dem 'moralischen Recht' der Stadt gesprochen, eines der ***für die Unterbringung der heimatlosen Ausländer vorgesehenen Altersheime*** *zu erhalten.*

Der Bund stellt 'je Bett' (diese Formulierung umfaßt die Gesamtsumme der je Person zugebilligten Erstellungskosten) 7.500 DM zur Verfügung.

'In Anerkennung der Tatsache', so hieß es in der Ratssitzung, daß der Verein 'Ev.-luth. Altersstift Varel e.V.' den vom Bund finanzierten Neubau eines Altersheimes übernommen hat, und weil die Stadt an diesem Neubau sehr interessiert ist, wird dem Verein der ***Bauplatz für das Heim zur Größe von 1,4998 ha*** *von den städtischen Grundstücken am Bäker unentgeltlich übertragen.*

Außerdem wird die Stadt die Straße, die von der Oldenburger Straße zum Altersheim führt, mit Kanalisation und Wasserleitung sofort ausbauen. *(...).“*[17]

Der Bau entstand ab August 1958 nach Plänen des Architekten und Diplom-Ingenieurs Gustav Vischer aus Jever.

Zur seinerzeit modernen Ausstattung zählten schallisolierte Wände, eine 12.000 Deutsche Mark teure „Elektroakustik-Anlage“, mit der Radio, Platten- und Tonbandsendungen in alle Flure und Aufenthaltsräume übertragen werden konnten. Ein gestifteter Fernseher diente zur Unterhaltung der alten Menschen. Für die weitere Innenausstattung (Bodenvasen, Bodenkrüge, Bilder) sowie Gartenmöbel hoffte man auf zweckgebundene finanzielle Spenden aus der Vareler Bevölkerung und Geschäftswelt. Auf der anfänglichen Spenden-„Wunschliste“ der Betreiber standen auch „Eingemachtes“ für den Heimkeller, Schreib- und Rechenmaschinen für die Verwaltung und Klublampen für die Aufenthaltsräume des Hauses.

---

17 Bericht in „Nordwest-Zeitung“, 12. Oktober 1957.

Der zum Waldesrand vorstoßende Trakt des evangelisch-lutherischen Altersstiftes „Simeon und Hanna“, in dem auch eine größere Gruppe heimatloser Ausländer Unterkunft finden wird; im Vordergrund das Kapellenrund, hier wurde der Grundstein eingemauert Bilder (2): Hinck

Die Planierraupe schlichtet das Gelände rings um den stattlichen und interessant gegliederten Neubau des Altersstiftes.

Abb. 45 / 46: „Nordwest-Zeitung“, 27. Juni 1959.

Neben den 50 Plätzen für die Lettinnen und Letten waren 70 weitere alte Menschen für die Erstbelegung vorgesehen, sodass anfänglich etwa 120 Personen dort eine neue Unterkunft fanden. Die spezielle Pflegeabteilung umfasste dabei Betten für 34 Personen.

Nach einer Übersicht von Ende August 1959 konnte *„das Heim bei sechs Reservezimmern 30 Doppelbett- und 40 Einzelzimmer vergeben.*
Die Doppelzimmer kosten 6,75 Deutsche Mark pro Tag, während die Kosten für die Einzelzimmer 240 bis 265 und (mit Balkon) 285 Deutsche Mark monatlich betragen.
Erfahrungsgemäß sind die unteren Räume am begehrtesten, weil die alten Leute nicht gerne Treppen steigen. In der ganzen Anlage des flach gebauten Altersheims ist die Tatsache weitgehend berücksichtigt. (...).
Noch einen weiteren Blick auf die Zahlentabelle: Die Gesamtkosten des Altenheims belaufen sich auf 1,385 Millionen Deutsche Mark, Küche und Waschküche, die je 20.000 Deutsche Mark kosteten, nehmen in der Summe den gewichtigsten Platz ein. Am kommenden Freitag wird der Bau, der am 7. August vorigen Jahres [1958] *begonnen wurde, von Bischof Jacobi eingeweiht. (...). Der Bischof wird auch die Schlüssel des Hauses übergeben.“*[18]

18 Bericht in „Nordwest-Zeitung“, 26. August 1959.

Die Heimküche hatte Generalprobe . . .

Stippvisite im neuen Altersheim — Am Dienstag ziehen die ersten Bewohner ein

BA Varel. Das neue Altersheim „Simeon und Hanna" glich einem Bienenhaus. Eilige Putzgeister huschten über die langen Flure, die neue Elektroakustik-Anlage wurde gerade ausprobiert, und die weißbeschürzten jungen Mädchen in der großzügigen Heimküche hantierten im Fieber der Generalprobe: Die Leute vom Bau wurden zum allerersten „heimischen" Mittagessen geladen, mit ihnen die Vertreter der Presse, die, von Pastor Kollmann und Architekt Vischer geleitet, einen Blitzbesuch machten.

Noch hat man das Gefühl, überall im Wege zu stehen, noch werden Schränke geschleppt, noch laden die Transporter täglich Mobiliar aus. „Keine Sorge, wir werden fertig" gaben beide Herren optimistisch kund. Und weil sie sich in der fieberhaften Geschäftigkeit mit einer guten Portion Humor gewappnet haben, zweifeln wir nicht daran. Bei all' dem hektischen Treiben herrscht eine prachtvolle Atmosphäre, die dem Heim auch in Zukunft gut anstehen wird.

Die Presse war, wie gesagt, mitten in die größte Arbeit hineingeplatzt, und so war auch das Gespräch auf der Terrasse beim Heimeingang entsprechend aufgelockert. So sorgsam Pastor Kollmann und Architekt Vischer auch bemüht waren, ihre „Geheimnisse" bis zur Einweihung des Heims am kommenden Freitag, um 16 Uhr zu hüten, — und wir wollen keine Spielverderber sein!, — so viel darf verraten werden. es wird eine Fülle von Überraschungen geben. Insbesondere hat die Spendenfreudigkeit hierzulande alle Erwartungen übertroffen und ein gut Teil zum Geist der Arbeit beigetragen.

Blick in die Wunschliste

Immer wieder wird im Altersheim angefragt, womit man denn am besten zum guten Werk beitragen könnte, und es kann ja kein Zweifel darüber bestehen, daß ein Heim wie „Simeon und Hanna" ganz besonders auf die Opferbereitschaft der Bevölkerung angewiesen ist. So ließen wir uns denn eine Wunschliste geben, von der wir hoffen, daß sie künftigen Spendern Anregungen gibt:

Pflanzen und Gartenmöbel

Um das Wichtigste im voraus zu sagen, — es ist der Wunsch der Bauleitung, die Inneneinrichtung dem Stil des Hauses so gut wie nur möglich anzupassen. Deshalb wären (eventuell zweckgebundene) Geldspenden eigentlich das Ideale. Sie sollen in erster Linie für die Anschaffung von Gartenmöbeln, Bodenvasen und -krügen sowie für den Kauf guter Bildreproduktionen verwendet werden.

„Wir haben 18 laufende Meter Fensterbänke im Flur und im Speisesaal" verkündet der Achitekt, „massig Platz für Pflanzen aller Art " — „Gummibäume könnten wir gut gebrauchen" sinniert der Pfarrer und fügt hinzu, daß mehr Liegestühle für die große Terrasse auch nicht schaden könnten. Das Tellergeklapper aus der Heimküche unterstützt lebhaft seine an die Hausfrauen gerichtete Bitte, doch aus dem „Eingeweckten" im Keller ein Glas — „Früchte zum Nachtisch wären schön" — für den Heimkeller zu stiften. Das Sekretariat würde sich über eine Schreib- und Rechenmaschine sehr freuen, und in den drei großen Aufenthaltsräumen des Hauses könnten weitere Klublampen für Gemütlichkeit sorgen.

Für Muße und Unterhaltung

„Das Geld sitzt im Fußboden" erfahren wir von Architekt Vischer, als wir ihn um technische Einzelheiten angehen, „kalte Füße holt sich hier niemand." Wir glaubten es; denn die nicht unterkellerten Räume verfügen über eine Bodenschicht aus Schlacke, Beton und Steinwollmatten. Alle Wände sind schallisoliert, so daß kein Heimbewohner widerwillig gezwungen ist, die Radiosendung vom Nachbarzimmer mit anzuhören. Die alten Menschen sollen ihre Ruhe haben, wenn sie es wünschen, und andererseits die Möglichkeit, sich zu unterhalten und zu bilden. Dafür sorgt die 12 000 DM teure Elektroakustik-Anlage, die Radio-Platten- und Tonbandsendungen in die Flure und Aufenthaltsräume überträgt. Auf diese Weise können auch die Gottesdienste aus der Kapelle im ganzen Haus gehört werden. Die Heimleitung hat es leicht, mit ihren Durchsagen über Mikrofon alle Bewohner gleich zu erreichen. Auf unsere Frage hin, ob denn das Heim durch diese Patentanlage nicht zu sehr mit geräuschvollen Einlagen aller Art versorgt werde, wußte Pastor Kollmann sofort zu beruhigen: „Selbstverständlich sind die einzelnen Lautsprecher abschaltbar. Nur die Durchsagen, die ja alle angehen, kommen trotzdem."

Auch das Fernsehen ist nicht aus dem Altersheim verbannt: in einem der Aufenthaltsräume wird ein gestifteter Empfänger für Unterhaltung sorgen.

Wie sich jetzt nach der Bearbeitung der vielen Anträge zeigt, werden etwa 120 alte Menschen an der Oldenburger Straße ihr neues Heim finden, darunter 49 DP's, die bisher im Altersheim für Heimatlose Ausländer wohnten. Nach mannigfaltigen Umdisponierungen besitzt die Pflegeabteilung von „Simeon und Hanna" jetzt 34 Betten, so daß etwa ein Viertel der alten Leute im Hause ärztlich betreut werden kann. Nach der jetzigen Übersicht, die vermutlich auch noch Veränderungen erfährt, kann das Heim bei sechs Reservezimmern 30 Doppelbett- und 40 Einzelzimmer vergeben. Die Doppelzimmer kosten 6,75 DM pro Tag, während die Kosten für die Einzelzimmer 240 bis 265 und (mit Balkon) 285 DM monatlich betragen. Erfahrungsgemäß sind die unteren Räume am begehrtesten, weil die alten Leute nicht gerne Treppen steigen. In der ganzen Anlage des flach gebauten Altersheims ist diese Tatsache weitgehend berücksichtigt.

Bischof weiht das Heim

Noch einen weiteren Blick auf die Zahlentabelle: Die Gesamtkosten des Altersheims belaufen sich auf 1,385 Millionen DM. Küche und Waschküche, die je 20 000 DM kosteten, nehmen in der Summe den gewichtigsten Platz ein.

Am kommenden Freitag wird der Bau, der am 7 August vorigen Jahres begonnen wurde, von Bischof Jacobi geweiht. Die Feierlichkeiten im Beisein der Behördenvertreter beginnen um 16 Uhr. Der Bischof wird auch den Schlüssel des Hauses übergeben. Für Sonnabend um 16 Uhr steht ein Zusammensein mit den am Bau beteiligten Unternehmern auf dem Terminkalender. Am Sonntag von 11 bis 13 Uhr ist ein Empfang für geladene Gäste vorgesehen, während die Vareler Bürger von 14 bis 18 Uhr Gelegenheit haben werden, das Heim zu besichtigen. Am Montag schließlich nehmen die Putzgeister das Haus noch einmal in Besitz, bevor am nächsten Tage die ersten Bewohner einziehen.

Abb. 47: „Nordwest-Zeitung", 26. August 1959.

Abb. 48: Postkarte Altersheim „Simeon und Hanna", 1960er Jahre. Archiv Heimatverein Varel.

Nr. 199 NWZ J 15 Freitag, den 28. August 1959

„Simeon und Hanna“

Ein musterhaftes Heim für alte Menschen in Varel

Ein lichter, langgestreckter Flachbau mit großen Fensterfronten zieht an der Oldenburger Straße die Blicke aller Kraftfahrer an, die in die Stadt Varel einfahren. Das mitten im Grün liegende, schmucke Gebäude, dessen fächerartige linke Frontseite mit den sanft darüber geschwungenen Balkonen besonders gefällig ist, wird am heutigen Freitag seiner Bestimmung übergeben: Es ist das Altersheim „Simeon und Hanna“, das der Verein Ev.-luth. Altersstift Varel e. V errichten ließ. In über einjähriger Bauzeit entstand dieses 1,4-Millionen-Projekt, ein Zweckbau, dessen großzügige Linienführung in ihrer unaufdringlichen Eleganz von außen nicht gleich verrät, wie peinlich genau im Innern alles auf die praktischen Erfordernisse ausgerichtet ist. Die modernen Erfahrungen im Heimbau sind in dem von Architekt Vischer entworfenen Gebäude weitgehend berücksichtigt worden, so daß die Arbeit der beteiligten Firmen überörtliche Repräsentanz erlangt. Für den reibungslosen Ablauf des „Tagespensums“ in einem Heim, das über 100 alte Menschen beherbergen und ein Viertel von ihnen auch pflegerisch betreuen soll, sorgt die Aufteilung in einzelne Trakte, die jeweils Verwaltung, Pflegeabteilung, Küche und Speiseraum sowie die Zimmer der Heimbewohner aufnehmen. Da sich die einzelnen Gebäudeteile um einen Innenhof gruppieren, der eine künstlerische Gestaltung geradezu herausforderte, ist das ganze Heim voller Licht — wie geschaffen für sonnige Tage und prachtvoll eingebettet in das Landschaftsbild. Was die technische Ausstattung dieses Zweckbaus angeht, so haben alle beteiligten Unternehmer die Gelegenheit nutzen können, eine vorbildliche Visitenkarte abzugeben. Angefangen von der vollautomatischen Ölheizung über die elektro-akustische Anlage zur Klimaanlage bis zu den schallisolierenden Wänden und Decken. Die Innenausstattung des in angenehmen Pastellfarben gehaltenen Heims schließlich genügt allen Ansprüchen moderner Wohnkultur, so daß ein in sich geschlossenes Ganzes entstand, auf das die Erbauer mit Recht stolz sein können. BA

Entwurf und Bauleitung Dipl.-Ing. VISCHER

Maurer- Stahlbeton- und Putzarbeiten führten aus in Arbeitsgemeinschaft

H. H. Menkens u. Sohn
Baugeschäft und Architekturbüro
Varel, Mühlenstraße 64, Tel. 464

F. Brunken & Söhne
Baugeschäft
Varel, Mühlenstraße 47, Tel. 482

G. Bohlken
Baugeschäft
Varel, Bismarckstraße 2, Tel. 465

Fr. Mehrings
Baugeschäft
Varel, Bleichenpfad 14, Tel. 635

E. Peters
Baugeschäft
Varel, Mühlenstraße, Tel. 943

H. Koch
Baugeschäft
Varel, Oldenburger Straße 34, Tel. 878

P. Stangowski
Hoch-, Tief-, Betonbau
Varel, Dangaster Straße 33, Tel. 508

E. Oltmanns
Baugeschäft
Varel, Stettiner Straße 2, Tel. 847

ONNO WILTS
Holz und Baumaterialien
Handels-Kommanditgesellschaft
Ihr Lieferant für
Bau- und Tischlerhölzer
Platten aller Art
Bau- und Brennstoffe
Varel, am Bahnhof, Tel. 2055 u. 2056

Ausführung der Straßen-, Erd- und Kanalisationsarbeiten
Wilh. Meyer
Straßen-, Tief- und Betonbau
Varel, Hafenstraße 3, Telefon 334

Vareler Holz- und Baustoff-Handels G.m.b.H.
Holz - Baustoffe - Sperrplatten - Brennstoffe
Varel, Parallelstraße 1, Telefon 613

Abb. 49: „Nordwest-Zeitung“, 28. August 1959.

Im September 1959 bezogen die ersten Bewohner*innen das neue Heim.
Ende Juni 1964 übergab man einen Erweiterungsbau zur Pflegestation mit 24 Pflegebetten, danach standen insgesamt 36 Betten dieser Art zur Verfügung.
Anlässlich einer Feier zum zehnjährigen Bestehen des Trägervereins (nun unter dem Namen „Diakonischer Verein Varel e.V.") im August 1967 wurde berichtet:
„Heute leben noch 38 Heimbewohner im Stift 'Simeon und Hanna', die schon am ersten Tage nach Fertigstellung des Neubaues Einzug gehalten hatten.
Zu ihnen gehören 26 Letten *zu den mehrjährig in den Vareler Kasernen untergebrachten vertriebenen Ausländern. (...)."*[19]
Als letztes Mitglied der lettischen Gruppe im „Simeon und Hanna" starb Rita Sillins im Jahr 1997 (siehe biografische Skizze im Kapitel III).

Das „Simeon und Hanna" besteht bis heute unter diesem Namen als eine der bekannten Altenpflegeeinrichtungen in der Stadt Varel. Derzeit (2022) werden 78 Einzel- und 13 Doppelzimmer vorgehalten.

---

19 Bericht in „Nordwest-Zeitung", 30. August 1967.

II.

Das Altersheim im Spiegel der Presse und Archive

- Chronik -

Brückenschlag vom Gestern ins Heute

Die Alten von Varel — Zehn Nationen leben unter einem Dach

Unter der Treuhänderschaft des Evangelischen Hilfswerkes, tatkräftig unterstützt vom Weltkirchenrat vom Lutherischen Weltbund und vom Caritas-Verband (NCWC), hat sich in Varel das größte DP-Altersheim der Bundesrepublik zu einer bemerkenswerten Heimstätte für hochbetagte vertriebene Ausländer entwickelt. Die alten Leute sind Angehörige zehn verschiedener Nationalitäten-Gruppen. Wir haben dieses Heim jetzt, wenige Tage vor Weihnachten, besucht. Sie alle, die hier leben, hängen sehr an ihrer verlorenen Heimat, aber sie sprechen nicht gern über ihre Schicksale. Was sie bewegte, lasen wir in ihren Augen: Wehmütige Erinnerungen an Weihnachtszeiten von einst in der alten Heimat.

Den Besucher des Heimes grüßt mit betonter Höflichkeit der diensthabende Pförtner. Er kann Lette sein — ebenso gut aber Pole oder Litauer, Russe, Ukrainer, Jugoslawe, Rumäne, Ungar oder Tscheche. Jedenfalls wie alle hier, ein freundlicher alter Mann; einer von denen, die ihre Heimat verloren haben und sich nun in ihrem Vareler Heim geborgen fühlen.

Schwierige Aufgabe

Geborgenheit in wirklichem Sinne zu erringen, war nicht einfach. Das Evangelische Hilfswerk stand, als es nach Auflösung der zuerst regierenden „IRO" die Treuhänderschaft über das Heim übernahm und damit die Verpflichtung für 850 Heiminsassen zu sorgen, vor dieser schwierigen Aufgabe. Nach verschiedenen zweckvollen Umbauten der fünf Riesenblocks der ehemaligen Marineschule gelang es dem Hilfswerk, unter Regie des Heimleiters Pleus, ein von allen zuständigen Seiten als vorbildlich anerkanntes Heim zu schaffen. Ein gut eingespielter Apparat der Verwaltung mit Fürsorgeabteilung, Heimarzt, 15 deutschen Schwestern, eigenem Krankenhaus, Landwirtschaft und Schweinezucht steht der Verwaltungsleitung zur Seite.

Ohne „Zapfenstreich"

Erster Eindruck bei unserem Besuch: Unmittelbar am dunklen Vareler Waldrand streckt sich die Front der Heimblocks. Es ist um die Mittagsstunde. Weißbärtige Greise und Frauen mit hellen, gemusterten Kopftüchern tragen ihr Mittagsmahl im Emaillegeschirr aus den mustergültigen Großküchen auf ihre Stuben. Hier findet man ein Kernstück der individuellen Heimbetreuung: Von einer straffen „Hausordnung" preußischen Einschlages mit gemeinsamem Essen in Riesensälen, „Zapfenstreich" und anderen ähnlichen Dingen hat die Heimleitung in Varel Abstand genommen und damit beste Erfolge erzielt.

Bei der Vielzahl der Nationalitäten und Konfessionen (hier leben Evangelische, Freikirchler, Orthodoxe und Katholiken beieinander) scheint diese Lösung die beste zu sein. Die Nationalitätengruppen und verschiedenen Konfessionen haben gerade zum bevorstehenden Weihnachtsfest den ersten Beweis dafür angetreten, daß sie unter kameradschaftlicher Zusammenarbeit zu guten Dingen imstande sind. Ein prächtiger Erfolg war ihnen beschieden, als sie unter Beteiligung von sechs Nationalitäten kunstgewerbliche Handarbeiten ausstellten, die von allen Heiminsassen sowie von vielen auswärtigen und Vareler Gästen bewundert wurden. Der Erfolg der Ausstellung wird noch überstrahlt durch den Entschluß der Aussteller, einen Teil ihrer Werkstücke, darunter auch Wollkleidungsstücke, an deutsche Spätheimkehrer und Ostflüchtlinge über das Auffanglager Friedland zu spenden. Mit dieser Spende haben die Alten des Vareler DP-Heimes die Absicht, sich für viele liebevolle Brückenschläge zu bedanken, die für sie von verschiedenen Seiten der einheimischen Bevölkerung, vor allem auf kultureller Ebene, getan worden sind.

Gute Freunde

Die Atmosphäre des DP-Altersheimes hat nichts mit jenen „Lager-Einflüssen gemein, die man hier und dort in unserer Heimat kennengelernt hat. Nicht nur die evangelische Kirchengemeinde Varel, sondern auch viele Jugendgruppen, die Oberschule der Stadt Varel, der Verein für Kunst und Wissenschaft, das Oldenburgische Staatstheater und die Niedersächsische [illegible] sind in wachsendem Maße aktiv an dem erwähnten Brückenbau beteiligt. Das Bekenntnis zum deutschen Kulturkreis hat sogar 50 Heiminsassen dazu bewegt, ihre ehemalige deutsche Staatsangehörigkeit zurückzuerwerben. Manche Bindung hat sich inzwischen von den Heimstuben zum Vareler Familienleben gefestigt.

Wenn man den ehemaligen Stadtkommandanten von Riga [illegible] hochgewachsenen alten Herrn mit schlohweißem Schnauz- und Kinnbart, durch Varel spazieren sieht, dann wissen die meisten Einwohner schon: „Aha — das ist der alte Oberst aus Riga!" Alte Angler verschiedener Nationalitäten haben Aufnahme im Verein der Vareler Sportfischer gefunden.

In Block 4

Für die seelische Betreuung setzen sich die Gemeinden der verschiedenen Konfessionen tatkräftig ein. Unter dem Dach des Blocks Nummer 4 vermutet man kaum eine stilgetreue Kapelle der Orthodoxen-Gemeinde, in der die Farbigkeit der Ikonen besonderen Eindruck macht. Man kann an der kleinen Glocke, die draußen an der Klinkerfassade hängt, erraten, daß in diesem Gebäude auch eine Gemeinde ihren Hort gefunden hat.

Neuer Werkraum

Weltkirchenrat und Lutherischer Weltbund haben mit einer einfallsreichen Spende neue Freude im Altersheim gestiftet: Ein neuer Werkraum mit Ausrüstung für allerlei Basteleien hat sich den bereits früher eingerichteten [illegible]. Jetzt gibt es [illegible] viele Alte, die das in ihrer Heimat traditionelle handwerkliche Geschick zu neuer Entfaltung bringen. Bei unserem Besuch sahen wir, wie ein Serbe gerade an einem Werkstück arbeitete, aus dem ein altes Saiteninstrument seiner Heimat entstehen soll.

Draußen bei den Enten und Hühnern trifft man häufig den alten Kosaken Fjodor. Er kann sich nur in der Sprache seines Landes verständlich machen und zwirbelt stolz seinen Reiterschnurrbart. Fjodor ist 77 Jahre alt. Die beiden ältesten Heimbewohner, eine Dame und ein Herr, haben es schon auf 94 gebracht! Die meisten Bewohner des Altersheimes sprechen mehr oder weniger gut Deutsch; das hilft ihnen sehr im Umgang mit den ihnen freundlich gesinnten Varelern.

Durch das Heimgelände sahen wir Wagen rollen, deren Fracht verdächtigerweise dem Weihnachtsmann zugeschrieben werden mußte. Er kommt bei den Orthodoxen zwar erst am 6. Januar, aber das hindert ihn nicht, schon jetzt mit den Festvorbereitungen zu beginnen. Die Leitung und Verwaltung des Heimes, die Fürsorgerin und die Priester, sie alle haben dieser Tage große Aufgaben zu lösen. Das Fest der Liebe kennt keine Grenzen vor den Toren des Vareler DP-Altersheimes

Fjodor der Kosak von 77 Jahren

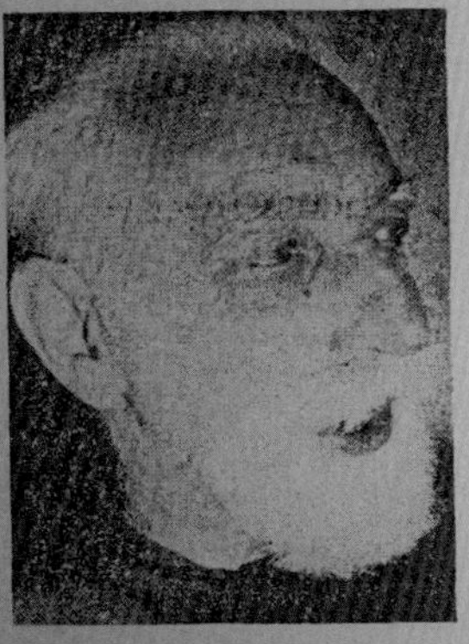

und der alte Oberst aus Riga

Bester Kamerad auf der Flucht: „Pony", das Panjepferd. 2000 Kilometer Fluchtweg stand es durch, vom 23. September 1944 bis zum 23. August 1945. Wer weiß, ob Adolf Zeimelis und die Seinen ohne „Pony" diese Flucht überstanden hätten? Adolf Zeimelis meint „Nein!" Er und die Seinen haben es ihrem Pferdekameraden reichlich vergolten. Sie begreifen auch, weshalb die Bewohner des Oldenburger Landes ihre Pferde über alles lieben

„Unser Tannenbaum aus Stacheldraht"

Ein erschütterndes Erlebnis unserer Kriegsgefangenen

Erzählt hat diese Geschichte — eine Geschichte, die nur das Leben selber schreiben konnte — der Spätheimkehrer Wilhelm Lücken. Er hat sie erlebt; er und mit ihnen einige seiner gefangenen Kameraden.

„Das war" — so erzählte Wilhelm Lücken — „kurz nach unserer Verurteilung im Jahre 1950. Wir waren in ein Lager gekommen, in dessen Umgebung es weit und breit weder Baum noch Strauch gab. Und doch wollten wir unseren Heiligen Abend auch in sowjetischer Gefangenschaft nicht ohne den Christbaum begehen." Kriegsgefangene sind erfinderisch, das wissen wir aus vielen Beispielen. Wilhelm Lücken und seine Kameraden bogen und flochten aus Stacheldraht, aus nacktem Stacheldraht, einen Christbaum. Sie trennten eine der wärmen Wattejacken auf und hefteten die Watte an die Stacheln. Und sie setzten drei kleine Kerzen an diesen „ihren" Christbaum.

Am Heiligen Abend 1950 zündeten die Gefangenen die Kerzen an und sangen vor ihrem seltsamen, sie aber doch so beglückenden Christbaum deutsche Weihnachtslieder. Langsam brannten die Kerzen hernieder. Auch aus der Nachbarstube hatten sich die Kameraden eingefunden, starrten wie gebannt in das Licht und dachten an die Heimat. „Laßt uns die Kerzen ausmachen und dann noch ‚Süßer die Glocken nie klingen'", singen", schlug Wilhelm Lücken vor. Einer der Kameraden ging an den Christbaum und — — — pustete auf die Kerzen. Aber — die Flamme sprang auf die Watte über, es rauschte, eine Stichflamme loderte kurz auf, und „dann war alles vorbei. Vor uns stand nichts, als der nackte Stacheldraht, Symbol unserer Gefangenschaft"

Die Männer blieben stumm an diesem Abend. Zu schnell hatte sich das Symbol christlicher Weihnacht in das der Gefangenschaft verwandelt.

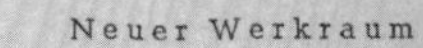

Was von wem?

Die große Reportage von der „Weihnacht ohne Heimat" schrieb Harald Heckmann nach Unterhaltungen mit Ausländern in den von der NWZ besuchten Lagern. Über den Besuch im Ausländer-Altersheim Varel berichtete Willy Hink. Die Photos zu diesen beiden Reportagen lieferten Claus-Werner Caro und Willy Hink. Die Titelzeichnung stammt von Fritz Gieske, die Planskizze der Lager von Claire Timm. Die „Redaktionskonferenz" entwarf und zeichnete Fritz Gieske unter Verwendung von Caro-Photos. Der Kriegsgefangenen und der Ausgebombten gedachte Claus-Werner Caro.

Kaum sieben Jahre alt, da mußte Wilhelmina Raimonaite die litauische Heimat verlassen. Viele Jahre in einem Krankenhaus folgten der Ausweisung. Heute lebt das junge Mädchen (hier in schmucker Heimattracht) mit den langen, blonden Haaren im Lager; es arbeitet als Haustochter

Unter dem ehemaligen Kasernendach im Altersheim Varel hat die Orthodoxe Gemeinde eine Kapelle eingerichtet

Februar 1950: Eintreffen der ersten Bewohner.

Am 11./12. Februar 1950, ein Wochenende, trafen mit den weißen Omnibussen der Internationalen Flüchtlingsorganisation (IRO) und mit Lastwagen die ersten Bewohner und ihr Hab und Gut in Varel ein. In den Tagen zuvor hatten u.a. noch Mr. Mathews als Vertreter der DP-Abteilung (DP-Branch) der britischen Besatzungszone und die beiden Vorsitzenden der evangelischen und katholischen Landes-Wohlfahrtsverbände für Niedersachsen das zukünftige Heim besichtigt und als „geeignet“ befunden.

Abb. 50: „Nordwest-Zeitung“, 14. Februar 1950. Foto: Willy Hinck. Bildunterschrift: *„(...). Auf unserem Bild sieht man im Bereich der ehemaligen Vareler Marinekasernen überall Letten, Polen, Ukrainer, Litauer und Staatenlose beim Einzug in ihr neues Heim.“*

KAUFGESUCHE

Suche gebrauchten

Ladentresen und Regal

Angebote an Bergers Kantine, Varel, DP-Lager, Kasernen

Abb. 51: Anzeige in „Nordwest-Zeitung“, 14. Februar 1950.

Dem Pressebericht ist zu entnehmen, dass die ersten Transporte aus den DP-Lagern in Emden und Sengwarden sowie anderen Orten Nordwestdeutschlands stammten.

Wie der britische Controller für DP-Einrichtungen, Mr. Boiteux, der Presse berichtete, erfolgte die Einweisung der Ausländer in das Vareler Heim auf freiwilliger Basis. Der weitere Ausbau und die Ausstattung des Heimes sollten weiter vorangetrieben werden: *„Die ehemaligen Vareler Marine-Kasernen sollen etwa 1000 Ausländer im Alter von über 60 Jahren aus dem gesamten nordwestdeutschen Raum einschließlich Schleswig-Holstein aufnehmen.“* Die neuen Bewohner brachten Hühner und anderes Kleinvieh mit, da ihnen neben der Anlage von Gärten auch die Kleintierhaltung gestattet werden sollte. Für den 30. Juni 1950 war die Übergabe aller DP-Unterkünfte – mit Ausnahme jüdischer DP-Lager – an die deutschen Behörden bereits entschieden. Es herrschte aber noch Unklarheit über die Frage, ob die Heime dann z.B. durch staatliche oder kommunale Behörden oder durch kirchliche Wohlfahrtsverbände verwaltet werden sollten. Der Berichterstatter nahm jedoch an, *„daß die letzteren die Regie übernehmen würden"*.

Über die Stimmung der Bewohner ist zu lesen: *„Eine alte Lettin, der man ihre 76 Lenze nicht ansieht bei ihrer Lebhaftigkeit, klagt nur darüber, daß sie ihre Kinder nicht mitbringen durfte. (...) Nach anfänglichem Misstrauen scheint sich nach den Beobachtungen der Controller aber doch die Erkenntnis durchzusetzen, daß man hier ein bedeutendes Hilfswerk für Menschen gegründet hat die ihre Heimat durch die Folgen des unglückseligen Krieges verloren haben."*[20]

Mai 1950: DP-Lager im Verwaltungsbezirk Oldenburg.

„Hannover, den 2. Mai 1950:
Betrifft: DP-Lager im Verwaltungsbezirk Oldenburg.
„(...) Alle oldenburgischen Lager und die Lager in Wehnen und Bockhorn (Friedrichsfeld) sind sogenannte Resettelers-Lager, in denen insbesondere solche Personen konzentriert sind, die noch bis zum 31. März 1951 auswandern können und sollen. (...). Das ***Lager Varel*** *ist oder wird Altersheim. Es wird an deutsche Dienststellen übergeben, die es wahrscheinlich durch das evangelische Hilfswerk und Caritas verwalten lassen."*[21]

Mai 1950: 14 Nationalitäten im Heim.

Ende Mai 1950 trafen weitere 160 neue Heimbewohner in Varel ein, die diesmal aus einem in Geesthacht aufgelösten Heim sowie aus Osterode im Harz kamen. Die Presse berichtete:
„(...). Die Heimkommandantur gibt sich außerordentlich viel Mühe mit ihren Schutzbefohlenen, die sich aus nicht weniger als 14 Nationalitäten zusammensetzen.
Es ist nicht einfach, die vielen Aufgaben zu lösen, die mit der Betreuung der Alten entstehen. Das Dienstpersonal wird von den Ausländern selbst und von Deutschen gestellt, die gut miteinander auskommen.
Ein Rundgang durch das Heim vermittelt lebhafte Eindrücke aus dem bunten Zusammenleben von Menschen, die vierzehn verschiedene Muttersprachen sprechen.
An der Ausstattung des Altersheimes wird auch weiter gearbeitet. Zur Zeit wird eine große Zentral-Wäscherei eingerichtet, während zwei Tagesräume mit allen Bequemlichkeiten versehen werden."
Die Vorbereitungen zur Übernahme der Betreuung der DPs durch die deutsche Verwaltung liefen bereits auf Hochtouren, wie dem Bericht zu entnehmen ist:
„Im Kreise Friesland sind dies die Läger Varel, Bockhorn [ehemaliger Fliegerhorst Friedrichsfeld] *und Sengwarden.*
Die Kreisbehörde ist zur Zeit damit beschäftigt, Einwohner-Anmeldescheine für die Ausländer vorzubereiten. Die Übernahme durch deutsche Behörden scheint auf bedeutende Schwierigkeiten zu stoßen, da noch nicht bekannt ist, welche Behörden bzw. Wohlfahrtsverbände als künftige Träger der Heime in Frage kommen.
Das Altersheim für Ausländer in Varel hatte in letzter Zeit verschiedentlich Besuch von dem Katholischen Karitasverband und dem evangelischen Hilfswerk."[22]

---

20 Bericht in „Nordwest-Zeitung", 13. Februar 1950.
21 Vermerk o. Verf. Niedersächsisches Landesarchiv Oldenburg, Bestand DEP 20, Akz. 252, Nr. 722, Blatt 36f.
22 Bericht in „Nordwest-Zeitung", 27. Mai 1950.
Anm. H.F.: Die vom Berichterstatter befürchtete „Belastung" für die Stadtgemeinden und die Landkreise trat zumindest hinsichtlich der Fürsorgelasten nicht ein, da die entsprechenden Kosten vom Land Niedersachsen übernommen wurden.

Juni 1950: 830 Personen im Heim.

Im Juni 1950 gab es im Oldenburger Land noch rund 8000 Letten, Litauer, Esten, Polen, Ukrainer, Jugoslawen und andere Nationalitäten, die unter dem Status DP erfasst waren:

„Die Alten, die in Deutschland bleiben, finden Aufnahme im Altersheim in Varel, das bereits 850 Personen aufgenommen hat. Die übrigen 7000 sind wie folgt verteilt:
- Lager 'Ammerland' bei Oldenburg 174 Esten und 50 Angehörige verschiedener Nationalitäten,(...),
- Lager Ohmstede 1041 Letten,
- Lager Sandplatz bei Oldenburg 320 Esten, 76 Litauer und 6 Sonstige,
- Lager Unterm Berg bei Oldenburg 701 Polen, 57 Ukrainer und 6 Russen,
- Lager Wehnen 892 Litauer und 3 Sonstige,
- Lager Friedrichsfeld (Bockhorn) etwa 1300 Polen und Ukrainer,
- Lager Sengwarden und Upjever mit zusammen etwa 300 Insassen,
- dazu die 850 im Altersheim Varel. (...).
Alle DP-Lager werden am 1. Juli in deutsche Verwaltung übernommen.
Das bringt für die Stadt- und Landkreise manche Belastung mit sich. (...).“[23]

1. Juli 1950: Übergang in deutsche Verwaltung und „keine Sonderstellung“.

Über den Übergang in deutsche Verwaltung bei der Fürsorge und Betreuung der DPs und insbesondere des Altenheimes in Varel berichtete die Presse:

„DP-Altersheim unter deutscher Verwaltung.
Von der Caritas und dem Evangelischen Hilfswerk treuhänderisch übernommen.

(wa) Varel. Die ehemaligen Marinekasernen in der Nähe von Varel, die seit längerem als DP-Lager dienten, sind in den vergangenen Monaten gründlich instandgesetzt worden.
Dort ist jetzt ***das größte Alters- und Siechenheim für heimatlose Ausländer in Niedersachsen, wenn nicht in Deutschland überhaupt****. Es ist mit fast tausend Pfleglingen belegt.*

Die Anlage besteht aus zehn doppelgeschossigen Gebäuden, von denen je zwei durch einen Querbau verbunden sind. Hinzu kommen das ***Kesselhaus****, ein* ***Verwaltungsgebäude*** *und ein* ***Waschhaus****.*
Bislang stand dieses DP-Camp unter englischer Verwaltung und war der DP-Division in Lemgo unterstellt. Am 1. Juli ist die Verwaltung und Betreuung in deutsche Hände übergegangen. Von Seiten des Weltkirchenrates und der englischen Militärregierung war der dringende Wunsch ausgesprochen worden, daß die kirchlichen Wohlfahrtsverbände das Heim übernehmen möchten.
Da eine bundesgesetzliche Regelung noch nicht erfolgt ist, liegt die Entscheidung über die DP-Heime Varel, Bodenteich bei Uelzen und Goslar zunächst beim Lande Niedersachsen. In Anbetracht der ungeklärten rechtlichen Voraussetzungen war eine endgültige, auf Verträgen beruhende Regelung zum 1. Juli noch nicht möglich.
Nach längeren Vorverhandlungen fand im Innenministerium in Hannover eine abschließende Konferenz statt, an der vom Lande Niedersachsen das Innenministerium, das Ministerium für Arbeit, Aufbau und Gesundheit und das Finanzministerium, ferner der Oberfinanzpräsident und von kirchlicher Seite die Hauptbüros Hannover und Oldenburg des Evangelischen Hilfswerks, die Innere Mission Braunschweig und der Landes-Caritasverband für Oldenburg vertreten waren.

---

23 Bericht in „Nordwest-Zeitung“, 10. Juni 1950.

(...). Um in der Betreuung der alten und siechen DPs keine Unterbrechung eintreten zu lassen, ***erklärten sich die Verbände bereit, zunächst für einen Monat treuhänderisch die Leitung der drei Heime zu übernehmen****.*
Bis dahin hofft man zu einer endgültigen vertraglichen Lösung zu gelangen.
Das große Vareler Heim ist vom Evangelischen Hilfswerk Oldenburg und vom Landes-Caritasverband für Oldenburg am 1. Juli in gemeinsame Verwaltung genommen worden. (...).
Für die Zeit der treuhänderischen Verwaltung sind als ***kommissarischer Heimleiter der Geschäftsführer des Evangelischen Hauses in Oldenburg, Herbert Pleus****, und* ***Caritassekretär Bruno Vieth, Wilhelmshaven****, eingesetzt worden."*[24]

„DP's nehmen keine Sonderstellung ein.

(Ini) Hannover. 'Die DPs werden nach ihrer Übernahme durch die deutsche Verwaltung genau so behandelt wie jeder Deutsche in gleicher Lage.
Sie nehmen künftig keine Sonderstellung mehr ein' heißt es in einer Erklärung des Niedersächsischen Innenministeriums zur Übernahme der DP-Lager in deutsche Verwaltung am 1. Juli, über die auch in der letzten Kabinettssitzung erneut verhandelt wurde.
Das Niedersächsische Kabinett stellte dabei fest, daß das Staatsministerium bei der Übernahme der DP-Lager, die auf britisches Ersuchen erfolgt, als Treuhänder der Bundesregierung tätig sein wird und erwartet, daß die Kosten der DP-Betreuung vom Bund als Kriegsfolgelasten übernommen werden."[25]

Mit dem vorsorglichen Hinweis, dass die DPs „künftig keine Sonderstellung" mehr einnehmen würden, griff das Niedersächsische Innenministerium offenbar die weit verbreiteten Stimmungen und Mutmaßungen in der einheimischen deutschen Bevölkerung und unter den vielen aus dem Osten vertriebenen Deutschen auf.
Vielfach gab es Ressentiments gegen die ausländischen DPs, da diese angeblich eine privilegierte Versorgung durch die Besatzungsbehörden erfahren hätten.
Hinzu kamen auch allgemeine Vorurteile insbesondere gegen die Polen, wobei die rassistischen Konnotationen in Deutschland eine lange Tradition hatten und durch die Propaganda in der NS-Zeit noch befördert worden waren.

August / September 1950: Eingliederung der DPs und die Arbeit der Kirchen.

„DPs werden eingegliedert.
Von der Oldenburgischen Evang.-Lutherischen Landeskirche wird Stellung genommen zur Eingliederung der noch im Bundesgebiet lebenden DPs in die deutsche Volksgemeinschaft.
In sechs Lagern des Oldenburger Landes, im DP-Altersheim Varel und in zwei Krankenhäusern leben noch etwa 5500 DPs, die aus ost- und südöstlichen Ländern stammen, teilweise auch aus Italien.
Außerdem sind etwa 5000 Ausländer ständig in den Auswandererlagern in Delmenhorst und Sengwarden, die hier nur durchgeschleust werden und auswandern.
Von den 5500, die nun in Oldenburg deutscher Verwaltung unterstellt sind, möchte ein kleiner Teil aus freien Stücken in Deutschland bleiben. Insgesamt ist damit zu rechnen, daß etwa 2750 dieser ehemaligen DPs in Deutschland ständig bleiben. (...).

---

24 Bericht in „Nordwest-Zeitung", 8. Juli 1950.
25 Bericht in „Nordwest-Zeitung", 21. Juli 1950.

Etwa 2500 dieser Ausländer sind evangelisch, die gleiche Anzahl gehört der römisch-katholischen oder griechisch-katholischen Kirche an, der Rest ist zumeist griechisch-orthodox.
Die Katholiken werden von ihrer Kirche betreut. In enger Zusammenarbeit mit dem Lutherischen Weltbund und dem Weltkirchenrat bemüht sich die Oldenburgische Landeskirche um die Nichtkatholiken und betreut sie in fürsorgerischer und seelsorgerischer Hinsicht.
Die schwere Aufgabe liegt bei den Kirchengemeinden, in deren Bereich die Lager liegen, denn sie müssen den Kontakt der DPs mit der deutschen Umwelt herstellen.

Das Altersheim in Varel mit 900 Insassen ist zunächst treuhänderisch zur Hälfte vom Evangelischen Hilfswerk übernommen worden. Die ersten Erfahrungen, die die Kirche mit den DPs seit dem 1. Juli gemacht hat, sind erfreulich und ermutigend.
Die DPs haben sich überraschend gut in die neue Situation hineingefunden und es komme, so heißt es in einer Erklärung der Evangelischen Landeskirche, nun darauf an, daß die Glieder der Kirche, also die Einheimischen, ihre Pflicht tun."[26]

„Kirchliche Wohlfahrtsverbände bewähren sich.

(H) Varel. Durch die treuhänderische Übernahme des Altenheimes für verschleppte [sic!][27] *Ausländer durch zwei kirchliche Wohlfahrtsorganisationen, nämlich den katholischen Landes-Caritasverband und das Evangelische Hilfswerk, haben deutsche Kräfte Gelegenheit gefunden, sich auf internationaler Basis zu bewähren. (...).*
Wie wir bei unserem Besuch des Heimes auf dem ehemaligen Marinekasernen-Komplex am Steinbrückenweg erfahren konnten, sind die Verhandlungen zum Abschluß eines endgültigen Vertrages betreffs Übernahme des Heimes noch nicht abgeschlossen (...).
Zur Zeit werden die Unterhaltungskosten vom Land Niedersachsen getragen und die untergeordneten kommunalen Behörden wie Kreis und Gemeinde nicht belastet. Das Kreisamt Jever ist lediglich Zahlstelle für das monatliche Taschengeld von 5 DM für Ledige und 8 DM für Verheiratete.
Diese Beträge für immerhin 1000 Heimbewohner werden aber ebenfalls auf Länderebene verrechnet. Die Bevorratung des Heimes am Steinbrückenweg ist (...) zum größten Teil bereits auf enge Wirtschaftsbeziehungen zwischen der Heimverwaltung und dem hiesigen Handel umgestellt worden. (...).
Für drei große Konfessionsgruppen sind in den Dachgeschossen gottesdienstliche Räume geschaffen worden. Für Katholiken, Protestanten und Orthodoxe gibt es drei Heim-Pfarrer, die noch durch andere Geistliche der verschiedensten Sprachgruppen unterstützt werden.
Alle Nationalitäten unterhalten neuerdings eigene Bibliotheken mit Werken der unterschiedlichsten Autoren aller Länder der Welt.
Die gut ausgestatteten ***Gemeinschaftsräume*** *bieten den Alten Zeitschriften in acht verschiedenen Sprachen. (...).*
Siebzig Insassen des Altersheimes, Angehörige aller Konfessionen, nahmen bereits als Gäste an einem Bachkonzert in der Schloßkirche teil.
Der Weltkirchenrat, der Lutherische Weltbund und der Amerikanische Karitasverband mit seiner Zweigstelle in Hannover sorgen für die Unterstützung der Wohlfahrts-Bemühungen zu Gunsten dieses Heimes.
Zwei Fürsorgeschwestern *verstärken die Vermittlungsbasis individueller Betreuung, (...)."*[28]

---

26 Bericht in „Jeversches Wochenblatt", 31. August 1950.
27 Der Begriff „verschleppte" blendet aus, dass sich unter den Bewohnern z.B. auch viele Balten befanden, die 1944/45 während des Vormarsches der Roten Armee mit der deutschen Wehrmacht ins Reichsgebiet flohen.
28 Bericht in „Nordwest-Zeitung", 6. September 1950.

September / November 1950: Verlegungen nach Frankreich und Auswanderungsvorbereitungen.

„In den nächsten Tagen verlassen etwa 70 Heiminsassen Varel, um nach Frankreich in dortige Altersheime eingewiesen zu werden.
In vielen Fällen wandern jetzt auch alte Ausländer aus, nachdem ihnen von ihren Kindern und jüngeren Angehörigen die Überfahrt nach Australien, Kanada oder England ermöglicht worden ist.“[29]
„Auswanderungsvorbereitungen.
Jever. Etwa 50 Insassen des DP-Altenheimes Varel, zumeist Jugoslawen, wurden im Gesundheitsamt des Kreises Friesland im Auftrage des niedersächsischen Verwaltungsbezirkes Oldenburg geröntgt. Heute werden sie im Altenheim Varel einem englischen Arzt vorgestellt, der als Vorbereitung für eine eventuelle Auswanderung im Rahmen einer Sonderaktion den Gesundheitszustand feststellen soll.“[30]

Ende November 1950: Besuch vom Oberkirchenrat und Vertretern der evangelischen Kirchengemeinde.

Über den Besuch berichtete die Presse:

„Persönliche Begegnungen im DP-Altersheim –
Oberkirchenrat Kloppenburg als Gast

(B) Varel. Anläßlich eines Besuches in Varel weilte Oberkirchenrat Kloppenburg auch im DP-Altersheim in den Kasernen am Steinbrückenweg. (...).
Die Kirchenältesten der vier im Heim vertretenen Kirchen hatten Vertreter der evangelisch-lutherischen Gemeinde Varel und ihre Frauen in das Heim gebeten.
Am Hauptportal wurden sie empfangen.
'Das Altersheim beherbergt 968 heimatlose Ausländer von 8 verschiedenen Nationen', erklärt unser jugendlicher Begleiter.
Frau Löscher, die Fürsorgerin des Heims begrüßt uns.
Vor dem Kaffee heißt Heimleiter Pleus, Oldenburg, herzlich willkommen. (...).
Frau Löscher weist auf ***3 Ausstellungstische mit kunstgewerblichen Handarbeiten****.*
Manches ist aus der Heimat herübergerettet, das meiste erst hier im Lager angefertigt:
Malereien, ganz feine Lederarbeiten, Stickereien, Wollhandschuhe mit andersfarbigen Fingerspitzen (für junge Mädchen, die noch kein Verlöbnis bindet!), buntgestrickte Kleidergarnituren, Westen usw. in solch geschmackvoller Art, daß gleich einzelne Aufträge erfolgen; denn das ist der zweifache Sinn der Ausstellung: den Gästen Kunst und Eigenart der einzelnen Nationen nahezubringen und auch um Aufträge zu werben.
Diese Bitte geben wir an dieser Stelle weiter:
wer Weihnachten mit einem hübschen Geschenk dieser Art Freude bereiten möchte, der bemühe sich bitte zum Heim Steinbrückenweg. (...).
Mister Schilling (USA) sprach als Vertreter des Lutherischen Weltbundes und Weltkirchenrats über deren segensreiche Arbeit. (...).“[31]

---

29 Bericht in „Nordwest-Zeitung“, 6. September 1950.
30 Bericht in „Jeversches Wochenblatt“, 11. November 1950.
31 Bericht in „Nordwest-Zeitung“, 22. November 1950.

Juli 1951:

Neue Gäste im Altersheim eingetroffen

Varel. Die Aufnahmefähigkeit des Altersheimes für heimatlose Ausländer wird demnächst voll ausgenutzt sein. Dieser Tage trafen hier aus Bodenteich die Insassen des dort aufgelösten Altenheims ein und am Monatsende oder zum Julibeginn werden auch die aus Hessenkopf erwartet. Danach wird die Zahl der Bewohner des Heims Varel etwa 1 000 betragen.
Bild: Lucas

Abb. 52: „Nordwest-Zeitung", 28. Juni 1951.

September 1951:
Erster Besuch lettischer Erzbischof Teodors Grinbergs in Varel.

Aus dem Bericht der Presse:
„Sprache und Glaube: einzige Heimat. Der Erzbischof von Riga besuchte seine lettischen Landsleute in Oldenburg. (...). Die Letten des Wohnlagers Ohmstede hatten ihren Erzbischof von Riga, Professor Theodor Grünbergs [Teodors Grinbergs][32] *zu Gast.*
Das war ihnen ein festlich-frohes Ereignis, und sie füllten die große Kirche fast bis auf den letzten Platz. (...). Erzbischof Professor Grünbergs, der in Württemberg wohnt, ***hatte am gleichen Tage in Varel in dem großen Altersheim der heimatlosen Ausländer gepredigt*** *und besucht so trotz seines hohen Alters noch alle Gemeinden in Westdeutschland, Frankreich und der Schweiz. Er gehört dem Komitee des Lutherischen Weltbundes an."*[33]

---

32 Teodors Grīnbergs (geboren 2. April 1870 in Dondangen, Nordkurland; gestorben 14. Juni 1962 in Eßlingen am Neckar) war lettischer Pastor und Hochschullehrer für Evangelische Theologie. Ab 1932 Erzbischof der Evangelisch-Lutherischen Kirche Lettlands. 1944 musste er Lettland verlassen. Er gründete die Evangelisch-Lutherische Kirche Lettlands im Exil mit weltweit 100 Kirchengemeinden und war bis zu seinem Tod deren erster Erzbischof.
33 Bericht in „Nordwest-Zeitung", 4. September 1951.

November 1951: 884 Personen aus 14 Nationen im Heim.

„Oldenburg. Vierzehn Nationen.
Im Altersheim für heimatlose Ausländer in Varel befinden sich zur Zeit 887 Personen, davon 389 Männer und 498 Frauen. Nach Konfession teilen sich die Insassen wie folgt auf:
Ev.-luth. 477, orthodox 208, Baptisten 11, Adventisten 2, Katholiken 189.
Insgesamt 14 verschiedene Nationalitäten sind in Varel vertreten."[34]

16. Februar 1952: Gedenktag zur Unabhängigkeitserklärung Litauens 1919.

„Feier der litauischen Vereinigung.
Gedenktag der Unabhängigkeitserklärung – Deutsche Gäste.

Varel. Die litauische Gemeinschaft im DP-Altersheim feierte das 34. Jahr der Proklamation der Unabhängigkeit Litauens, die am 16. Februar 1918 verkündet wurde.
An der Stirnwand des festlich geschmückten Gemeinschaftsraumes war neben der gelb-rot-grünen Litauischen Nationalflagge die Bundesflagge angebracht, während auf dem Tisch des Präsidiums neben den Fähnchen der baltischen Länder Litauen, Lettland und Estland das blau-gelb der Ukraine und das weiß-rot Polens die Zusammensetzung der Lagergemeinschaft symbolisierten.
Die Gedenkfeier wurde mit einer ***Verlesung der alten Unabhängigkeitsproklamation durch den Vorsitzenden des Vareler Litauischen Komitees****, Sepalius* [sic! Sarpalius], *eröffnet.*
Die ***Festansprache*** *hielt der* ***Vertreter des litauischen Zentralkomitees, Vladas Narbutas****, der zusammen mit* ***Kaplan Ant. Steigvila (als Seelsorger und Dolmetscher)*** *vom Litauerlager in Wehnen herübergekommen war. Er erinnerte an die große Bedeutung, die seinerzeit die Unabhängigkeitserklärung für das litauische Volk, seine Freiheitsliebe und seine kulturelle Entwicklung gehabt habe. (...).*

Für die Heimleitung und die deutschen Gäste überbrachte Frau Löscher die Grüße und Wünsche der deutschen Vertreter. Anschließend sprachen die Vertreter der in gleichem Schicksal verbundenen Ukrainer, Letten, Esten und Polen, die alle den Gedanken der Gemeinschaft und Wünsche für eine glückliche Rückkehr in eine einst wieder frei gewordene Heimat aussprachen.
Als Gäste sprachen Professor Leonheit für die russischen Emigranten, Janocha als Fürsorger der katholischen Heiminsassen und Pastor Maas als Vertreter der Vareler evangelischen Kirchengemeinde.

Am späten Nachmittag ***gab Kaplan Steigvila in einem sehr interessanten Lichtbildervortrag*** *einen guten Überblick über Geschichte, Landschaft und Kultur Litauens. Ein geselliges Beisammensein bei Kaffee, Kuchen und litauischem 'Bärenfang' schloß die feier ab. HRK."*[35]

3. März 1952: Bericht zum Altenheim.

Im Landeskirchlichen Archiv Hannover (LkAH) ist ein Bericht von Landes-Kirchenvertretern im Altenheim in Varel überliefert, der als Grundlage zur Diskussion über eine Verbesserung der wirtschaftlichen Lage des Heimes und der besseren Auslastung diente.
Er gibt einen ausführlichen Überblick zur Situation im Heim und zu seinen Bewohnern.
Er soll hier auszugsweise zitiert werden:

---

34 Bericht in „Nordwest-Zeitung", 10. November 1951.
35 Bericht in „Nordwest-Zeitung", 20. Februar 1952.

„V e r m e r k.
Betr.: DP-Altenheim Varel.
1) Am 26.2. [1952] *haben die Herren Superintendent Schulze, Pastor Dr. Depuhl und Dr. Hoch das DP-Altenheim Varel besichtigt:*
Das Lager hat zur Zeit eine ***Belegungsmöglichkeit*** *von äußerstenfalls 1012 Betten. Hiervon sind Ende Februar* [1952] *878 Belegt; seit dem 1. Januar 1952 ist eine Steigerung um 20 Betten eingetreten.*
Im Allgemeinen sind Ehepaare für sich untergebracht; im übrigen ist die ***höchste Belegung eines Zimmers 3 Personen****. In jedem der Blöcke befindet sich ein Unterhaltungsraum und ein größerer Lesesaal.*
Es wird angestrebt, für das gesamte Altenheim eine ***Zentralküche*** *einzurichten, im übrigen aber jeden Hausblock unter einem* ***Hauselternpaar*** *weitgehend selbstständig zu machen.*
Das Essen wird im allgemeinen auf den Zimmern eingenommen.
Gottesdiensträume *befinden sich in den Dachgeschossen. Für die Orthodoxen befindet sich ein Priester im Altenheim. Die Letten werden durch Pastor* [Adolfs] *Grinbergs* [nicht zu verwechseln mit dem gleichnamigen Teodors Grinbergs, dem Erzbischof von Riga und der Lettischen Kirche im Exil, vgl. Berichte über die Besuche im Heim September 1952 und August 1952! H.F.] *versorgt, der sich ebenfalls im Lager befindet. Um die Esten kümmert sich Pastor Maas-Varel, ebenso erfolgt die Betreuung der Katholiken durch den katholischen Ortsgeistlichen von Varel.*
Nach dem Bericht der Heimleiter und der Fürsorgerin Frau Löscher sind ***nationalistische Differenzen unverkennbar****.*
(...). Nach der Besichtigung der Gebäude – ***jeder Block hat im Grundriss die Form eines 'H'; es gibt nur Erdgeschoss und 1. Stock*** *– gab die Fürsorgerin Frau Löscher einen Überblick über das* ***kulturelle Leben und die nationalen Verhältnisse****. Die einzelnen Nationalitäten haben sich* ***Komitees*** *gewählt, mit denen die Heimleitung monatliche Aussprachen halten.*
Sehr wesentlich erscheint Frau Löscher die ***Einrichtung ökumenischer Rundgespräche unter Leitung von Pastor Maas****, an denen sich zur Zeit je 10 Deutsche und 10 Ausländer – darunter auch die Nationalvertreter – befinden.*
Das ***Durchschnittsalter*** *beträgt etwa 68 bis 70 Jahre, Entscheidend für die Aufnahme ist die Pflegebedürftigkeit.*
Die ***Krankenstation*** *umfasst 188 Betten, von denen etwa 140 bis 150 belegt sind.*
Zur ***Ambulanz*** *kommen im Durchschnitt 3 x wöchentlich 40 Alte.*
In jedem Block befindet sich eine ***Heimschwester****. Die* ***Schwestern werden vom Agnes-Karll-Verband gestellt****.*
Eine chirurgische Abteilung gibt es in der Krankenabteilung nicht. In der Krankenabteilung befindet sich ein ***Zentral-Radio****.*
Im Rahmen der kulturellen Betreuung ist der regelmäßige ***Sprachunterricht*** *von bedeutendem Wert.*
Jeder Insasse erhält auf Wunsch 25 qm Gartenland*. (...).*
Hannover, den 3. März 1952. [gez. Hoch].“[36]

August 1952: Zweiter Besuch lettischer Erzbischof Teodors Grinbergs in Varel.

„Lettischer Besuch.
Varel. Der Leiter der lettischen Exilkirche, ***Erzbischof Grünbergs*** [Grinbergs]**,** *machte* ***mit sechs lettischen Pfarrern d****en lutherischen Insassen des Altersheims für heimatlose Ausländer in Varel einen Besuch.“*[37]

36 LkAH E 52 Nr. 367, o. Pag.
37 Bericht in „Nordwest-Zeitung“, 11. August 1952.

Mai 1953: Lettische Kulturtage im Heim.

*„**Kulturschau, Konzert und Referate - Rührige Volksgruppe.***

Varel. Die recht rührige lettische Volksgruppe im Altersheim für heimatlose Ausländer veranstaltete von den Heiminsassen und auch Einwohnern der Stadt gut besuchte Kulturtage.
Der Präses des Vollzugskomitees, J. Bumanis, leitete sie mit einer Ansprache über den Zweck dieser Veranstaltung und die Eigenart des lettischen Volkstums ein.
*Dann konnte man zwanglos die im Saal des Blocks 5 ausgestellte **Kulturschau** besichtigen.*
Viele Erinnerungsstücke sind hier zusammengetragen worden, zum größten Teil mühsam auf der Flucht vor der Vernichtung gerettet:
***Lichtbilder** aus der Zeit des eigenständigen lettischen Staatslebens, Wappen, Briefmarken, Münzen und Geldscheine.*
*Zahlreiche **Handarbeiten** kündeten von der Geschicklichkeit und dem guten Geschmack ihrer Hersteller. Besonders bewundert wurden auch die Holz- und Intarsienarbeiten.*
***Diagramme** erläuterten die Zusammensetzung und den Kulturstand des lettischen Volkes und Landes, das seiner Landfläche nach mit 66.000 Quadratkilometern gleich nach Irland und vor Litauen, Estland und Dänemark rangiert. Bemerkenswert ist auch, daß von den über 2 Millionen Einwohnern Zehntausende vier, fünf und sechs Sprachen beherrschen, über zehn Prozent allein drei Sprachen.*
*Einen größeren Raum nahm auch die **Ausstellung lettischen Schrifttums** aus Vergangenheit und Gegenwart ein.*
*Unter Leitung von J. Bumanis gab der **lettische Chor** ein **Konzert**, in dem Lieder von lettischen Komponisten, wie J. Vitols, A. Jurjanis, J. Zalitis und anderen erklangen. **Der Chor besteht schon drei Jahre** und hat sich in dieser Zeit recht gut entwickelt.*
Die Reihe der Veranstaltungen beschloß J. Bumanis mit einem Referat über das lettische Lied als Kulturträger.“[38]

Juni 1953: Gedenkstunde der Balten zu den Deportationen im Juni 1941.

*„**Mahnende Gedenkstunde im Altersheim.***
Esten, Letten und Litauer gedachten deportierter Landsleute.

Varel. Die heimatlosen Ausländer in Varel vereinten sich zu einer gemeinsamen Gedenkstunde im Altersheim. Vor 12 Jahren wurden in einer Nacht 63.000 ihrer Brüder und Schwestern von den Sowjets nach Sibirien deportiert, und es ist kaum einer unter den hier ansässigen Ausländern, der nicht einen nahen Verwandten oder Freund zu beklagen hat. Diese Deportation fand statt, obgleich diese kleinen kurländischen Staaten in einem verlängerten Nichtangriffspakt mit den Russen standen, und ihnen vertraglich versprochen worden war, daß Rußland sich niemals in die innenpolitischen Dinge Estlands, Litauens und Lettlands mischen würde.
Schmerzerfüllt gedenken bis heute die zurückgebliebenen Esten, Letten und Litauer des Menschenraubes am 14. und 15. Juni 1941, ebenso schmerzlich gedenken sie des Terrors, den die Staaten heute noch zu erdulden haben.
*Die drei Sprecher bei der Gedenkfeier, der **Präses der Esten Busch, der lettische Präses Bumanis und der Präses des litauischen Komitees Sarpalius**, **unterzeichneten ein Schreiben an die westlichen Regierungen**, in dem gebeten wird, den Sowjets gegenüber keine Nachgiebigkeit zu zeigen, bis Estland, Lettland und Litauen und andere von den Sowjets versklavten Völker befreit*

38 Bericht in „Nordwest-Zeitung“, 28. Mai 1953.

sind. Die vom Ehrenvorsitzenden des Präsidiums Pleus geleitete und von ***Darbietungen eines kleinen Chores des Altersheimes*** *und Deklamationen bereicherte Feierstunde der heimatlosen Ausländer in Varel, in der neben einem Polen und einem Ukrainer auch die Ehrenvorsitzenden Frau Burchard und Herr Janocha das Wort ergriffen, war eine ergreifende und auch den deutschen Teilnehmern tief anrührende Veranstaltung."*[39]

Dezember 1953: Kunstgewerbe-Ausstellung aus sechs Nationen.

*„**Interessante Ausstellung im DP-Altersheim – Spenden förderten die Heimarbeit.***

Varel. Der Block 'Fünf' des DP-Altersheims Varel zog am Sonnabend und Sonntag nicht nur die Heiminsassen, sondern auch viele Vareler Freunde mit einer ***Kunstgewerbeschau*** *an, zu der* ***sechs verschiedene Volksgruppen*** *mit eigenen Arbeiten beigetragen hatten.*

Esten, Letten, Litauer, Polen, Russen und Ukrainer *(...) schufen in wochenlanger Arbeit in Werk- und Wohnraum eine bunte Vielfalt handwerklicher Künste, die in ihrer geschickten Anordnung nachdrückliche Wirkung erzielte.*
Das handwerkliche Geschick des Ostens tritt in allen Stücken zutage – besonders das Auge des deutschen Betrachters verweilt oft bewundernd auf der geschmackvollen Farbigkeit der gewebten, gestrickten, gehäkelten, geschnitzten und gebastelten Stücke, aus denen ein gutes Teil nationaler Volkskunst anspricht.

Die Fürsorgerin des Heimes, Frau Burchhard, nimmt sich mit viel Liebenswürdigkeit der Besucher an – bei unserem Besuch erfahren wir von ihr auch interessante Einzelheiten über die Anbahnung dieser gelungenen Veranstaltung, die das gute Einvernehmen zwischen den Heimbewohnern und der Vareler Bevölkerung weiter gefestigt haben dürfte:
den Grundstock und Möglichkeiten zu dieser Gewerbeschau legten der ***Lutherische Weltbund mit einer Wollspende von 500 kg*** *aus Norwegen und der* ***Weltkirchenrat mit der Stiftung eines Werkraumes mit Ausstattung im DP-Altersheim Varel****.*
Mit viel Eifer, Dank und Begeisterung haben Angehörige aller im Heim ansässigen Volksgruppen von der gebotenen Gelegenheit Gebrauch gemacht, so daß alles Rohmaterial nun (...) zu hübschen und nützlichen Dingen verarbeitet ist, die vor allem bedürftigen Heiminsassen zukommen sollen.

Mit ganz besonderer Freude stellt die Heimleitung den spontanen ***Entschluß der ausstellenden Volksgruppen fest, einen Teil der Arbeiten deutschen Bedürftigen, Flüchtlingen und Spätheimkehrern (für das Durchgangslager Friedland) zu stiften****. WH* [Willy Hinck]. "[40]

39 Bericht in „Nordwest-Zeitung", 17. Juni 1953.
40 Bericht in „Nordwest-Zeitung", 15. Dezember 1953.

Brückenschlag vom Gestern ins Heute

Die Alten von Varel — Zehn Nationen leben unter einem Dach

Unter der Treuhänderschaft des Evangelischen Hilfswerkes, tatkräftig unterstützt vom Weltkirchenrat vom Lutherischen Weltbund und vom Caritas-Verband (NCWC), hat sich in Varel das größte DP-Altersheim der Bundesrepublik zu einer bemerkenswerten Heimstätte für hochbetagte vertriebene Ausländer entwickelt. Die alten Leute sind Angehörige zehn verschiedener Nationalitäten-Gruppen. Wir haben dieses Heim jetzt, wenige Tage vor Weihnachten, besucht. Sie alle, die hier leben, hängen sehr an ihrer verlorenen Heimat, aber sie sprechen nicht gern über ihre Schicksale. Was sie bewegte, lasen wir in ihren Augen: Wehmütige Erinnerungen an Weihnachtszeiten von einst in der alten Heimat.

Den Besucher des Heimes grüßt mit betonter Höflichkeit der diensthabende Pförtner. Er kann Lette sein — ebenso gut aber Pole oder Litauer, Russe, Ukrainer, Jugoslawe, Rumäne, Ungar oder Tscheche. Jedenfalls wie alle hier, ein freundlicher alter Mann; einer von denen, die ihre Heimat verloren haben und sich nun in ihrem Vareler Heim geborgen fühlen.

Schwierige Aufgabe

Geborgenheit in wirklichem Sinne zu erringen, war nicht einfach. Das Evangelische Hilfswerk stand, als es nach Auflösung der zuerst regierenden „IRO" die Treuhänderschaft über das Heim übernahm und damit die Verpflichtung für 850 Heiminsassen zu sorgen, vor dieser schwierigen Aufgabe. Nach verschiedenen zweckvollen Umbauten der fünf Riesenblocks der ehemaligen Marineschule gelang es dem Hilfswerk, unter Regie des Heimleiters Pleus, ein von allen zuständigen Seiten als vorbildlich anerkanntes Heim zu schaffen. Ein gut eingespielter Apparat der Verwaltung mit Fürsorgeabteilung, Heimarzt, 15 deutschen Schwestern, eigenem Krankenhaus, Landwirtschaft und Schweinezucht steht der Verwaltungsleitung zur Seite.

Ohne „Zapfenstreich"

Erster Eindruck bei unserem Besuch: Unmittelbar am dunklen Vareler Waldrand streckt sich die Front der Heimblocks. Es ist um die Mittagsstunde. Weißbärtige Greise und Frauen mit hellen, gemusterten Kopftüchern tragen ihr Mittagsmahl im Emaillegeschirr aus den mustergültigen Großküchen auf ihre Stuben. Hier findet man ein Kernstück der individuellen Heimbetreuung: Von einer straffen „Hausordnung" preußischen Einschlages mit gemeinsamem Essen in Riesensälen, „Zapfenstreich" und anderen ähnlichen Dingen hat die Heimleitung in Varel Abstand genommen und damit beste Erfolge erzielt.

Bei der Vielzahl der Nationalitäten und Konfessionen (hier leben Evangelische, Freikirchler, Orthodoxe und Katholiken beieinander) scheint diese Lösung die beste zu sein. Die Nationalitätengruppen und verschiedenen Konfessionen haben gerade zum bevorstehenden Weihnachtsfest den ersten Beweis dafür angetreten, daß sie unter kameradschaftlicher Zusammenarbeit zu guten Dingen imstande sind. Ein prächtiger Erfolg war ihnen beschieden, als sie unter Beteiligung von sechs Nationalitäten kunstgewerbliche Handarbeiten ausstellten, die von allen Heiminsassen sowie von vielen auswärtigen und Vareler Gästen bewundert wurden. Der Erfolg der Ausstellung wird noch überstrahlt durch den Entschluß der Aussteller, einen Teil ihrer Werkstücke, darunter auch Wollkleidungsstücke, an deutsche Spätheimkehrer und Ostflüchtlinge über das Auffanglager Friedland zu spenden. Mit dieser Spende haben die Alten des Vareler DP-Heimes die Absicht, sich für viele liebevolle Brückenschläge zu bedanken, die für sie von verschiedenen Seiten der einheimischen Bevölkerung, vor allem auf kultureller Ebene, getan worden sind.

Gute Freunde

Die Atmosphäre des DP-Altersheimes hat nichts mit jenen „Lager-Einflüssen gemein, die man hier und dort in unserer Heimat kennengelernt hat. Nicht nur die evangelische Kirchengemeinde Varel, sondern auch viele Jugendgruppen, die Oberschule der Stadt Varel, der Verein für Kunst und Wissenschaft, das Oldenburgische Staatstheater und die Niedersächsische Landesbühne Nord mit Sitz in Wilhelmshaven sind in wachsendem Maße aktiv an dem erwähnten Brückenbau beteiligt.Das Bekenntnis zum deutschen Kulturkreis hat sogar 50 Heiminsassen dazu bewegt, ihre ehemalige deutsche Staatsangehörigkeit zurückzuerwerben. Manche Bindung hat sich inzwischen von den Heimstuben zum Vareler Familienleben gefestigt.

Wenn man den ehemaligen Stadtkommandanten von Riga, einen hochgewachsenen alten Herrn mit schlohweißem Schnauz- und Kinnbart, durch Varel spazieren sieht, dann wissen die meisten Einwohner schon: „Aha — das ist der alte Oberst aus Riga!" Alte Angler verschiedener Nationalitäten haben Aufnahme im Verein der Vareler Sportfischer gefunden.

In Block 4

Für die seelische Betreuung setzen sich die Gemeinden der verschiedenen Konfessionen tatkräftig ein. Unter dem Dach des Blocks Nummer 4 vermutet man kaum eine stilgetreue Kapelle der Orthodoxen-Gemeinde, in der die Farbigkeit der Ikonen besonderen Eindruck macht. Man kann an der kleinen Glocke, die draußen an der Klinkerfassade hängt, erraten, daß in diesem Gebäude auch eine Gemeinde ihren Hort gefunden hat.

Neuer Werkraum

Weltkirchenrat und Lutherischer Weltbund haben mit einer einfallsreichen Spende neue Freude im Altersheim gestiftet: Ein neuer Werkraum mit Ausrüstung für allerlei Basteleien hat sich den bereits früher eingerichteten Nähstuben hinzugesellt. Jetzt gibt es schon viele Alte, die das in ihrer Heimat traditionelle handwerkliche Geschick zu neuer Entfaltung bringen. Bei unserem Besuch sahen wir, wie ein Serbe gerade an einem Werkstück arbeitete, aus dem ein altes Saiteninstrument seiner Heimat entstehen soll.

Draußen bei den Enten und Hühnern trifft man häufig den alten Kosaken Fjodor. Er kann sich nur in der Sprache seines Landes verständlich machen und zwirbelt stolz seinen Reiterschnurrbart. Fjodor ist 77 Jahre alt. Die beiden ältesten Heimbewohner, eine Dame und ein Herr, haben es schon auf 94 gebracht! Die meisten Bewohner des Altersheimes sprechen mehr oder weniger gut Deutsch; das hilft ihnen sehr im Umgang mit den ihnen freundlich gesinnten Varelern.

Durch das Heimgelände sahen wir Wagen rollen, deren Fracht verdächtigerweise dem Weihnachtsmann zugeschrieben werden mußte. Er kommt bei den Orthodoxen zwar erst am 6. Januar, aber das hindert ihn nicht, schon jetzt mit den Festvorbereitungen zu beginnen. Die Leitung und Verwaltung des Heimes, die Fürsorgerin und die Priester, sie alle haben dieser Tage große Aufgaben zu lösen. Das Fest der Liebe kennt keine Grenzen vor den Toren des Vareler DP-Altersheimes

Fjodor der Kosak von 77 Jahren

und der alte Oberst aus Riga

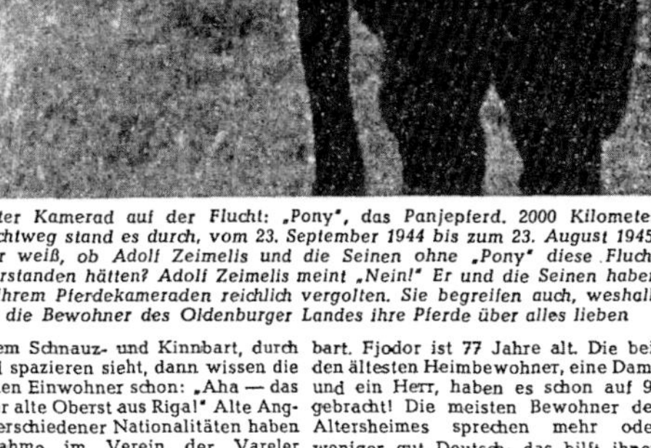

Bester Kamerad auf der Flucht: „Pony", das Panjepferd. 2000 Kilometer Fluchtweg stand es durch, vom 23. September 1944 bis zum 23. August 1945. Wer weiß, ob Adolf Zeimelis und die Seinen ohne „Pony" diese Flucht überstanden hätten? Adolf Zeimelis meint „Nein!" Er und die Seinen haben es ihrem Pferdekameraden reichlich vergolten. Sie begreifen auch, weshalb die Bewohner des Oldenburger Landes ihre Pferde über alles lieben

„Unser Tannenbaum aus Stacheldraht"

Ein erschütterndes Erlebnis unserer Kriegsgefangenen

Erzählt hat diese Geschichte — eine Geschichte, die nur das Leben selber schreiben konnte — der Spätheimkehrer Wilhelm Lücken. Er hat sie erlebt; er und mit ihnen einige seiner gefangenen Kameraden.

„Das war" — so erzählte Wilhelm Lücken — „kurz nach unserer Verurteilung im Jahre 1950. Wir waren in ein Lager gekommen, in dessen Umgebung es weit und breit weder Baum noch Strauch gab. Und doch wollten wir unseren Heiligen Abend auch in sowjetischer Gefangenschaft nicht ohne den Christbaum begehen." Kriegsgefangene sind erfinderisch, das wissen wir aus vielen Beispielen. Wilhelm Lücken und seine Kameraden bogen und flochten aus Stacheldraht, aus nacktem Stacheldraht, einen Christbaum. Sie trennten eine der wärmen Wattejacken auf und hefteten die Watte an die Stacheln. Und sie setzten drei kleine Kerzen an diesen „ihren" Christbaum.

Am Heiligen Abend 1950 zündeten die Gefangenen die Kerzen an und sangen vor ihrem seltsamen, sie aber doch so beglückenden Christbaum deutsche Weihnachtslieder. Langsam brannten die Kerzen hernieder. Auch aus der Nachbarstube hatten sich die Kameraden eingefunden, starrten wie gebannt in das Licht und dachten an die Heimat. „Laßt uns die Kerzen ausmachen und dann noch ‚Süßer die Glocken nie klingen'", singen", schlug Wilhelm Lücken vor. Einer der Kameraden ging an den Christbaum und — — — pustete auf die Kerzen. Aber — die Flamme sprang auf die Watte über, es rauschte, eine Stichflamme loderte kurz auf, und „dann war alles vorbei. Vor uns stand nichts, als der nackte Stacheldraht, Symbol unserer Gefangenschaft"

Die Männer blieben stumm an diesem Abend. Zu schnell hatte sich das Symbol christlicher Weihnacht in das der Gefangenschaft verwandelt.

Was von wem?

Die große Reportage von der „Weihnacht ohne Heimat" schrieb Harald Heckmann nach Unterhaltungen mit Ausländern in den von der NWZ besuchten Lagern. Über den Besuch im Ausländer-Altersheim Varel berichtete Willy Hink. Die Photos zu diesen beiden Reportagen lieferten Claus-Werner Caro und Willy Hink. Die Titelzeichnung stammt von Fritz Gieske, die Planskizze der Lager von Claire Timm. Die „Redaktionskonferenz" entwarf und zeichnete Fritz Gieske unter Verwendung von Caro-Photos. Der Kriegsgefangenen und der Ausgebombten gedachte Claus-Werner Caro.

Kaum sieben Jahre alt, da mußte Wilhelmina Raimonaite die litauische Heimat verlassen. Viele Jahre in einem Krankenhaus folgten der Ausweisung. Heute lebt das junge Mädchen (hier in schmucker Heimattracht) mit den langen, blonden Haaren im Lager; es arbeitet als Haustochter

Unter dem ehemaligen Kasernendach im Altersheim Varel hat die Orthodoxe Gemeinde eine Kapelle eingerichtet

Abb. 53: Sonderseite in „Nordwest-Zeitung", 24. Dezember 1953.

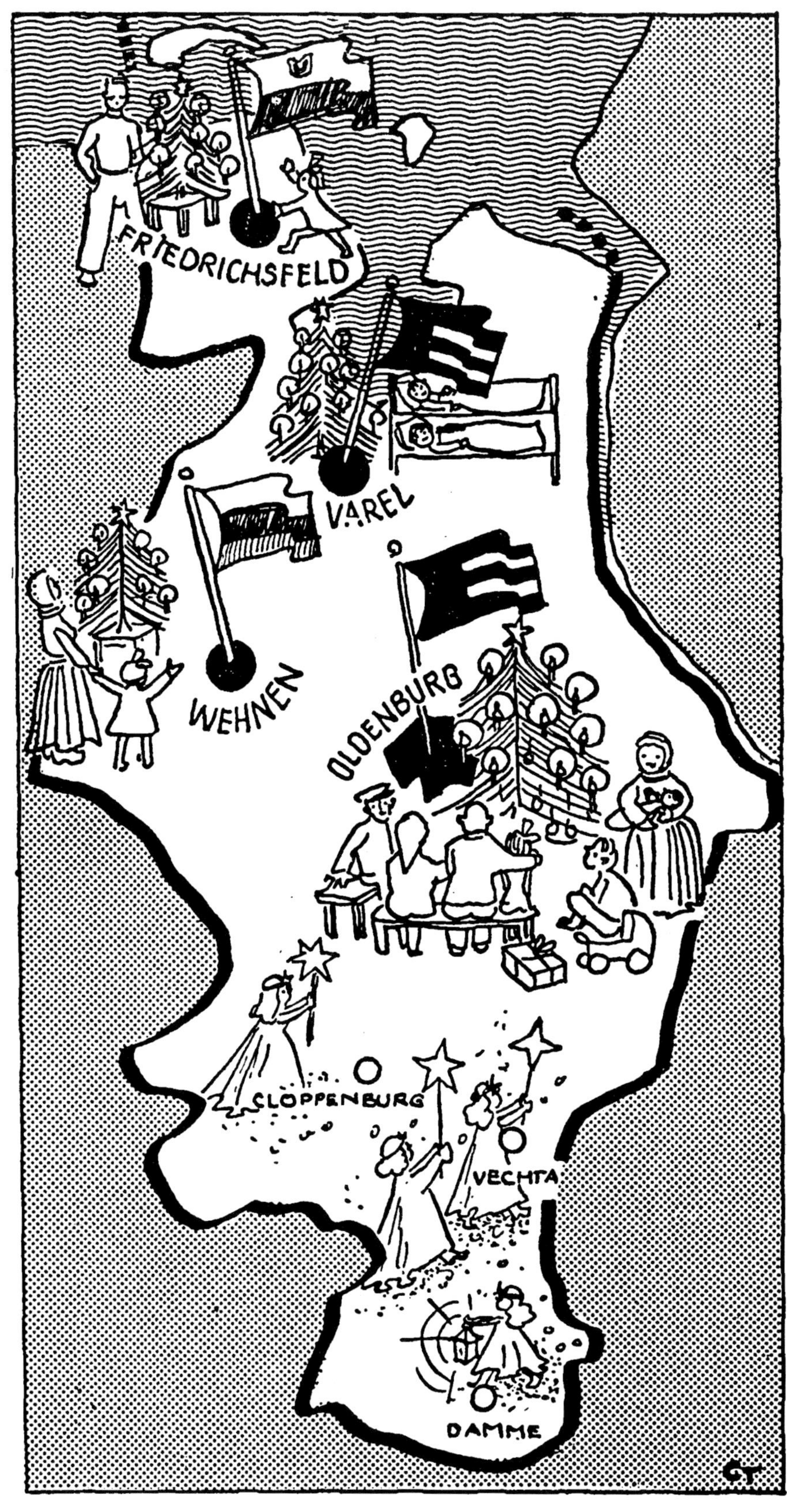

Inseln der Heimatlosen im Oldenburger Land: in der Stadt Oldenburg die Lager Ohmstede (Letten), Sandplatz (Esten), Unterm Berg (Polen) und „Ammerländer" (gemischte Nationalitäten); in Friedrichsfeld / Friesland (Polen); in Wehnen / Ammerland (Litauer) und in Varel / Friesland das Altersheim mit Angehörigen aus verschiedenen Nationen.

Abb. 54: „Nordwest-Zeitung", 24. Dezember 1953.

6. Januar 1954: Orthodoxe Weihnachtsfeier der Jugoslawen (Serben).

***„Fest der Hoffnung im Ausländer-Altenheim.
Orthodoxe Weihnachtsfeier der Jugoslawen mit vielen Gästen.***

Varel. Nach dem alten Julianischen Kalender feiert eine der drei großen Kirchen, nämlich die griechisch-orthodoxe, in diesen Tagen ihr Weihnachtsfest, und zwar ist am 6. Januar ihr Heiligabend. So hatte sich die ***jugoslawische Gruppe des Altersheims*** *zusammengefunden, um diesen Tag würdig zu begehen. Mit Ausnahme der Kranken waren alle Jugoslawen gekommen und saßen an der festlich geschmückten Tafel, (...).* ***Die jugoslawische Gruppe besteht nur aus Männern. Fast alle sind ehemalige Offiziere, die wegen ihrer Einstellung noch nicht nach Hause zurückkehren konnten.***
Der ***Führer der Gruppe, Oberst a.D. Vukicevic****, begrüßte (...) die Abgeordnete des Weltkirchenrates, Miß Gofton, Hannover, ferner den unermüdlichen Heimarzt Dr. Cleemann, den jungen orthodoxen Geistlichen Dr. Vladimirs Tolstouchova, Oldenburg, die verständnisvolle Heimfürsorgerin Frau Burchard, die Wirtschaftsleiterin Frau Freiheit und das Hauselternpaar Janocha (...).*
Oberst a.D. Vukicevic sprach dann über Weihnachtsbräuche im alten Serbien. (...).
Mit einer gemütlichen Stunde bei Kuchen und 'serbischem Tee' (heißer Schnaps mit Honig und Zucker) klang die Feierstunde aus, (...).“[41]

Januar 1954: Besuch Philotheus, Erzbischof der russisch-orthodoxen Kirche in Nordwestdeutschland.

*„Erzbischof Philotheus im Altersheim.
Russisch-Orthodoxer Gottesdienst – Beginn der Gebetswoche.*

Varel. In diesen Tagen weilte der russisch-orthodoxe Erzbischof Philotheus, der zur Zeit in Hamburg residiert, in Varel. Als Erzbischof von Weiß-Ruthenien verließ er seinerzeit die Heimat und wirkt heute als ***Administrator der russisch-orthodoxen Kirchen in Nordwestdeutschland****.*
Der Erzbischof hielt Gottesdienste in der orthodoxen Kirche im Altersheim für heimatlose Ausländer.
Radio Bremen hatte seinen Aufnahmewagen geschickt, um Tonbänder aufzunehmen für eine Sendung*, die anläßlich der kommenden Weltgebetswoche über den Äther gehen soll.*
Schon von weitem hörte man, wenn man sich dem Altersheim näherte, den eigenartig stoßenden Klang der Glocke, der im Sturm zerflatterte und der so stark an weite Landschaften im Osten erinnert.
In der Kirche selbst farbenprächtige Altäre und Ikonen, Christusfiguren vor goldenem Hintergrund und die bunte Trennwand zum Priesterraum mit der prächtigen Zarenpforte.
Die Eingangstür öffnet sich, und der Erzbischof schreitet herein, vorbei an den Gläubigen, die sich tief verneigen. Unwillkürlich denkt man über unser Verhältnis zu Zeit und Erbauung nach, während der Gottesdienst sich über drei Stunden ausdehnt, Psalmodierende Chöre und Gebete, Segnungen, Lobpreisungen, ein mächtiges Vaterunser – alles in Russisch und doch auch den ergreifend, der die Sprache nicht kennt. Weihrauch zieht sich durch den Raum, die Chöre kommen von irgendwoher, die Verneigungen werden tiefer – und über allem die feste, betende Stimme des Erzbischofs, dem je zwei Priester und Laien assistieren. Es ist unmöglich, sich diesem Eindruck zu entziehen.
Da, deutsche Worte! Priester Matejic hält eine kurze Ansprache, in der er beklagt, daß die Folgen des Krieges noch immer nicht überwunden sind, weil die Völker noch nicht zum Frieden gefunden

41 Bericht in „Nordwest-Zeitung“, 9. Januar 1954.

haben. Der Priester ruft alle Christen auf, dazu beizutragen, daß endlich in der Welt Frieden geschaffen wird, Im Geiste unseres Herrn und Heilands Jesus Christus.
Wieder erklingt der Chor, er singt die seltsamen russischen Kirchenweisen, der Weihrauchduft wird stärker, und wieder spinnt die seltsame, ergreifende Stimmung den Hörer ein.
Das große Gebet um den Frieden spricht seine Eminenz, der auch die Gläubigen salbt, die sich um ihn drängen. Und schließlich endet der Gottesdienst mit dem feierlichen Auszug des Erzbischofs. Lü.“[42]

21. April 1954: Brief über die Erfahrungen eines „Hauseltern-Paares“.

„Varel, den 21.4.[19]54. Steinbrückenweg 47.
Friedrich Meyer (früher Westermarsch).
[An] Herrn Dr. Nordhoff [Hauptbüro Hannover des Hilfswerkes der Evangelischen Kirche].

Sehr geehrter Herr Doctor!
Ende Februar [1955] erhielt ich völlig unerwartet und ohne mein Zutun eine Anfrage, ob meine Frau und ich evtl. bereit seien, eine Anstellung als Heimeltern im Altenheim für heimatlose Ausländer in Varel anzunehmen. Mitte März besuchte uns dann der Heimleiter, um uns kennenzulernen, und eine Woche später erhielten wir die Aufforderung, uns in Varel am 22. März [1955] vorzustellen. Ich blieb dann gleich in Varel, um vom scheidenden Hausvater in die Arbeit eingeführt zu werden.
Am 29.3.[1955] holte ich dann meine Frau, unsere Kinder und Sachen mit dem VW-Bus des Heimes ab, und nun sind wir schon 3 Wochen ***Hauseltern im Haus 4 des Altersheims****.*
Das Heim umfaßt 5 Häuser mit ca. 800 Insassen; ***unser Haus beherbergt 171 Russen und Letten, einige Esten, Litauer und Jugoslawen****.*
Die Arbeit ist vorerst noch nicht schwer, (...). Erleichtert wird sie uns durch unsere Sprachkenntnisse, können wir uns doch mit den Heiminsassen in ihrer Muttersprache unterhalten.
Die ersten Tage kamen uns nach der fast fünfjährigen Arbeitslosigkeit wie ein Traum vor, doch haben wir uns jetzt schon recht gut eingearbeitet und verrichten unser Tagewerk mit großer Freude. (...).
Die anderen Hauseltern, die Heimfürsorgerin, die wir aus unserer Heimat her kennen, und alle übrigen Angestellten sind sehr freundlich zu uns und helfen uns mit Rat und Tat.
Unsere Anstellung ist probeweise auf 3 Monate erfolgt, doch hoffen wir, daß wir uns bewähren werden und daß unsere Anstellung eine dauernde wird. Wir bewohnen hier im Hause eine sehr nette 3-Zimmerwohnung mit Wohnküche, Badezimmer, Zentralheizung, fließendem kalten und warmen Wasser (...); das Essen ist sehr gut; alles Dinge, die wir in unserem kühnsten Träumen nicht zu denken wagten. (...).
Mit besten Grüßen
Ihr ergebener Fritz Meyer.“[43]

Mai 1954: Totenfeier der Serben auf dem Vareler Friedhof.

„Varel. Strahlende Sonne lag über den knospenden Büschen und Bäumen des Friedhofs, auf dem eine eindrucksvolle ***Feier der jugoslawischen Volksgruppe des Altersheims für vertriebene [sic!] Ausländer*** *stattfand. Zwischen den Gräberreihen der Toten aus dem Osten (...) hatte sich die serbisch-orthodoxe Gemeinde versammelt, um die Gräber ihrer Verstorbenen zu weihen.*

---

42 Bericht in „Nordwest-Zeitung“, 20. Januar 1954.
43 LkAH E 52 Nr. 367, o. Pag.

Die erste Gedenkansprache hielt Erzpriester Jovanovic, der Vertreter des Bischofs für Westdeutschland und Österreich. Dann sprach Erzpriester Lilic vom Missionsdienst für Niedersachsen, und schließlich ***gedachte Oberst a.D. Vukicevic, der Wortführer der serbischen Gruppe, der Toten****.*
Uniformierte Angehörige des jugoslawischen Wachkommandos hielten die Ehrenwache, während die drei Redner die Toten würdigten. (...). Im feierlichen Umgang segneten und weihten die Priester in ihren farbenprächtigen Ornaten dann die Gräber. (...).
Während Erzpriester Jovanovic das heilige Wasser (...) auf die Gräber sprengte, sang der kleine Chor der Gemeinde die schwermütigen Kirchenlieder (...). Speisen und Getränke der serbischen Heimat, an den Gräbern der Brüder und Schwestern genossen, versinnbildlichen den Glauben, daß die Toten bei ihren Angehörigen sind (...).“[44]

Dezember 1954: Musikalische Feier mit Oberschülern.

„Musikalische Feier im Ausländer-Altenheim.
Oberschüler sangen und spielten für die Alten.

Varel. Es hat sich als ein schöner Brauch eingebürgert, daß alljährlich zur Adventszeit die Vareler Oberschule mit ihren Chören und dem Schulorchester den Bewohnern des Altenheims für heimatlose Ausländer mit einer musikalischen Feierstunde Freude in ihr Dasein bringt.
So hatten sich auch in diesem Jahre wieder der ***gemischte Chor, der Jugendchor und das Orchester der Oberschule unter der Leitung ihrer Musikerzieher Studienrat Molle und Oberschullehrer Ostwald*** *im Festsaal des Heimes eingefunden und sangen und spielten für die Alten. Chöre und Instrumentalsätze wechselten in bunter Folge.*
Höhepunkte waren wieder das 4. Brandenburgische Konzert von Bach und die „Serenata im Walde zu singen“ von J.A.P. Schulz.
Zum Schluß dankte ein Vertreter der Bewohner des Heimes allen jungen Mitwirkenden und besonders den beiden Leitern herzlich für die schönen Stunden, die sie ihnen durch diese Veranstaltungen bereiteten. Gerade für die Alten, die fern von ihren eigenen Kindern und Enkeln leben müßten, seien diese Besuche frischer Jugend immer eine große Freude.“[45]

Februar 1955: Vorträge mit Lichtbildern aus dem Altersheim Varel.

Auf einer Tagung der Mitarbeiter des Hilfswerkes der Evangelischen Kirche am 1. Februar 1955 in Hannover wurde beschlossen, dass mit Unterstützung des Lutherischen Weltbundes verschiedene Besuchsfahrten durch DP-Lager in Niedersachsen stattfinden sollten,
Dabei wurden **von Gerda Burchard, der Fürsorgerin des Heimes, *„Farblichtbilder vom Altersheim Varel“* vorgeführt**:

„ ***Wir haben unsere Lichtbilder ergänzen können****, sodass auch das Gebiet der Beschäftigungs- und Werktherapie* [vgl. Kapitel IV] *im Vortrag eingehend berücksichtigt werden kann, d. h. dann an Hand gerade dieser Bilder ein Eingehen auf das Problem der Selbsthilfe, der Gemeinschaftsarbeit usw. möglich ist. (...).“*[46]

---

44 Bericht in „Nordwest-Zeitung“, 5. Mai 1954.
45 Bericht in „Nordwest-Zeitung“, 4. Dezember 1954.
46 Mitteilung Gerda Burchard an Dr. Nordhoff, Hauptbüro Hannover des Hilfswerkes der Evangelischen Kirche, 10. April 1955. LkAH E 52 Nr. 367, o. Pag. Auch in verschiedenen Kirchengemeinden fanden Vorträge mit diesen Bildern statt. So ist in der Ankündigung für einen Gemeindeabend am 22. November 1955 in Delmenhorst zu lesen: *„An diesem Abend sollen Farbaufnahmen aus dem Altersheim für heimatlose Ausländer in Varel gezeigt werden.“* („Nordwest-Zeitung“, 28. Oktober 1955).

Mitte November 1955: Statistik über die Bewohner*innen des Heimes.

Staatsangehörigkeit	insgesamt	Aufteilung nach Konfessionen		
		Evang.	Orth.	Kath.
Letten	283	244	22	17
Esten	73	68	4	1
Litauer	46	8	2	36
Polen	89	3	8	78
Ukrainer	109	9	71	29
Russen	16		15	1
Jugoslaven	24		23	1
Ungarn	2	1	1	
Rumänen	5			5
Tschechen	3		2	1
Nansen-Status	24		24	
Oesterreicher	1		1	
Deutsche bzw. Deutschen gleichgestellt	57	46	6	5
	732	379	179	174

Kapazität 870

Abb. 55: Vermerk über „Altersheim für heimatlose Ausländer. Belegungsstärke nach dem Stand vom 14.11.1955“. Landeskirchliches Archiv Hannover, E 52, Nr. 367.

Dezember 1955: Haushaltsberatungen im Kreistag über Fürsorgelasten.

„(...). Blick in den 1. Nachtragshaushaltsplan 1955 des Landkreises Friesland. J e v e r. (...). Kreisfinanzdirektor H a n s e n hat den von seinem Vorgänger, Kreisfinanzdirektor a.D. Janßen eingeführten nachahmenswerten Brauch beibehalten, zu den Vorlagen der Haushaltspläne des Landkreises Friesland auch der Presse zugängliche Erläuterungen zu geben Das geschah auch zum 1. Nachtragshaushaltsplan für das Rechnungsjahr 1955, (...). Ungetrübt ist die Freude über die finanzielle Entwicklung nun aber keineswegs, denn ***unter Umständen hat der Landkreis künftig erhebliche Belastungen bei den Aufwendungen für die Lager für heimatlose Ausländer in Varel*** *und Friedrichsfeld zu tragen. Bisher wurden die Ausgaben voll erstattet. Wie sich aber aus Verhandlungen mit verschiedenen Ministerien in Hannover ergeben hat, beabsichtigt das Land, auch die Fürsorgekosten für diese Läger zu pauschalisieren.*

Protest gegen Mehrbelastung. Der Landkreis Friesland als Bezirksfürsorgeverband hat hiergegen in mehreren Eingaben und auch bei persönlichen Besprechungen energisch protestiert, da nach einem Kabinettsbeschluß von 1950 und auch nach einem Erlaß aus demselben Jahre die Bezirksfürsorgeverbände mit den Aufwendungen für die DP-Läger nicht belastet werden sollen. Kreisfinanzdirektor Hansen traf hierzu die Feststellung: 'Sollte das Land jedoch mit der Pauschalierung durchkommen, wird mit einer erheblichen Mehrbelastung für den Kreis gerechnet werden müssen. Für eine solche Mehrbelastung besteht zur Zeit im Haushalt des Kreises keine Deckungsmöglichkeit.'(...). Für das Altersheim Varel erfolgte bisher ein ***Einnahmeansatz von 968.000 DM (neu: 359.000 DM) als Erstattungen der Pauschbeträge vom Bund und ein Einnahmeansatz von 171.000 DM (neu: -) als Erstattungen vom Land,*** *(...).“*[47]

47 Bericht in „Nordwest-Zeitung“, 14. Dezember 1955.

Der Gemeinnützige

Nr 253/304 | Sonnabend, den 31 Dezember 1955 | 137 Jahrgang

Vorausblick auf das neue Jahr·

Varel wird wieder Garnisonstadt

Zurzeit noch 750 heimatlose Ausländer in den Kasernen — Aufgabe für das Hilfswerk

Varel. Den amtlichen Verlautbarungen des Bundesverteidigungsministeriums konnte Varel unlängst die Tatsache entnehmen, daß in die Kasernen am Waldrand Soldaten der jungen Bundesrepublik einziehen werden. Das neue Jahr birgt für unsere Stadt daher Ausblicke auf erhebliche Umstellungen. Sie beginnen durch die notwendige Räumung der Kasernen, in denen heute noch 750 heimatlose Ausländer untergebracht sind, mit einem menschlichen Problem. Auf der anderen Seite stellen sie Varel vor die Aufgabe, seiner Rolle als junge Garnisonstadt wieder gerecht zu werden.

Die Bonner Entscheidung, über die wir berichteten, hat in unserer Stadt die Gemüter sehr beschäftigt — im Altersheim für heimatlose Ausländer aber erhebliche Unruhe gestiftet. Etwa 750 Heiminsassen, Angehörige zwölf verschiedener Nationalitäten im Durchschnittsalter von 72 Jahren, die

In Ruhe wartet dieser Bauer aus Litauen ab, was ihm die Zukunft bringen wird

vor nunmehr fünf Jahren nach langen Irrfahrten durch Dutzende von Lagern endlich in den ehemaligen Vareler Marine-Kasernen landeten, faßten unter der erfolgreichen Betreuung der kirchlichen Wohlfahrtsverbände wieder Fuß und fühlten sich hier geborgen.

Sie fanden vielfach Kontakte mit der einheimischen Bevölkerung, wobei die evangelische und katholische Kirchengemeinde sich besonders um die alten Leute bemühten. Erst im Laufe dieses Jahres entstand aus der Treuhänder schaft, unter der das Evangelische Hilfswerk und der Caritasverband vier Jahre lang segensreich gewirkt hatten, ein Vertrag, nach dem das Land Niedersachsen dem Evangelischen Hilfswerk der Landeskirche Oldenburg die Leitung des Heimes endgültig übergab.

Seit dem Tage, an dem wir die Meldung über die Wiederkehr Varels als Garnisonstadt brachten, hat die Heimleitung des evangelischen Hilfswerkes, die selbst über die bevorstehende Wendung noch keine eigenen Informationen erhalten hatte, sich mit allen Möglichkeiten befaßt, wie eine nach den Bonner Absichten unvermeidliche Räumung der Kasernen mit anderweitiger Unterbringung der 750 Schutzbefohlenen ohne Verschlechterung der Wohnverhältnisse und der allgemeinen Lebensbedingungen für die Alten durchgeführt werden könne.

Für Ersatz-Altersheime

Federführende, erfahrene Männer des Hilfswerkes plädieren nunmehr für eine Lösung, die inzwischen auch bei maßgebenden Regierungsstellen ein günstiges Echo zu finden scheint: es ist an Ersatz-Altersheime gedacht, die je etwa 80 bis 120 alte Leute des Vareler Heimes aufnehmen und später als Altersheime für Deutsche dienen können. Diese Ersatzbauten wären vom Bund zu finanzieren, wäh-

Dieser Stallhase ist in der „zweiten Front" zu Hause; er versteht nur polnisch

rend die Wohlfahrtsverbände die Trägerschaft behalten möchten. Das Hilfswerk verwendet sich in seinen Lösungsvorschlägen für eine Vergebung dieser Ersatzbauten an solche Städte, die den Bedarf an derart zweckgebundenem Heimraum nachweisen können. Es soll dabei weitestgehend auf die konfessionelle Schichtung beim Auszug aus Varel Rücksicht genommen werden — so darf man annehmen, daß z. B. die 180 Seelen der Orthodoxen Gemeinde Anschluß an den Raum Hamburg finden, wo es eine solche Gemeinde in Deutschland bereits gibt. Von den restlichen Heiminsassen sind 400 evangelischen, 170 katholischen Glaubens.

Ihren Gockel möchte die alte Dame aus Riga gern mitnehmen

Heim in Titos Reich

Es ist erst einige Wochen her, als vier Jugoslawen im Alter von 70 bis 75 Jahren im Vareler Altersheim zu einer bemerkenswerten Reise rüsteten. sie fuhren heim in Titos Reich. Dies war der erste Fall einer Rückwanderung von Ausländern aus Varel. Sie trafen ihre Verwandten auf ihrem alten Anwesen und berichteten bereits brieflich über ihr Wiedersehen mit der Heimat.

Die anderen Alten haben sich zu solchem Schritt noch nicht entschlossen, obwohl — wie die Heimleitung uns ausdrücklich berichtete — hier im Ausländer-Altersheim niemand gegen seinen Willen gehalten wird. Interessant mag dabei die Beobachtung wirken, daß einschlägiges Propaganda-Material, das fast regelmäßig aus östlicher Richtung per Bundespost in die Heimstuben lanciert wird, die Meinungen nicht beeinflussen konnte. Man möchte lieber bleiben

Die „zweite Kasernen-Front"

Alte, bärtige Männer mit Baßstimmen, mitunter auch Greisinnen, ein buntes Kopftuch unter dem Kinn geknotet, haben sich innerhalb des Kasernengeländes aus lauter Liebe zur Kleintierhaltung und um ihrer wirtschaftlichen Vorteile willen eine kuriose „zweite Front" hinter den Kasernen errichtet. Das sind lauter selbstgebaute Ställe, Schuppen, Ausläufe und Gehege. Zwischen den improvisierten Wänden und Zäunen, lauter buntes Gewirr von Maschendraht, Wellpappen, Kistendeckeln, Pfählen und rohen Backsteingefügen stolziert zärtlich umhegt, Federvolk aller Gattungen und Rassen und konkurriert mit einer Unmenge der Stallhasen. Wenn man sich zu diesem Anblick den Kommandeur eines Bataillons motorisierter Infanterie vorstellt, so könnte man sich vorstellen, daß den Herrn Major auf der Stelle der Schlag träfe!

Große Verwandlung kommt

Soweit wird es nicht kommen. Immerhin ist dieser Vergleich eine kleine Andeutung der großen Verwandlung, die im neuen Jahr in und an den Kasernen zu erwarten ist. Der Gedanke an eine moderne, vollmotorisierte Truppe gewinnt in Vareler Gesprächen allmählich gewisse Popularität und zwingt zu der Überlegung, daß zur Erfüllung aller Voraussetzungen der Unterbringung eines solchen Bataillions in Stärke von rund 1000 Mann ein großes Bauprogramm durchgeführt werden muß, um den Gesamtkomplex zwischen Waldrand und Steinbrückenweg für den Einzug vorzubereiten.

Dabei gilt die Sorge der Bauplaner nicht nur den Soldaten-Unterkünften, die aus der Heimlichkeit der stillen Stuben wieder zu ihren ursprünglichen Zweckbestimmungen zurückzuführen sind, sondern nicht zuletzt auch den Fahrzeughallen, auf die die Marineschule während der kurzen Jahre ihrer Vareler Gastrolle noch verzichten konnte.

Einst Wache, jetzt Büro — und in Zukunft? Unten: hinter den Kasernen „die zweite Front" Bilder: Hinck

Bald Wirtschaftsthema Nr. 1

Folgerichtig entstehen der Stadt Varel kommunale Pflichten, die unmittelbar auf die Bedürfnisse der Garnison abgestimmt sein wollen. für Straßen und Wohnungen der Offiziere und Unteroffiziere ist entsprechendes Baugelände freizuhalten.

Das Soldatenthema, in und um Varel zwar eifrig, aber infolge recht dünner Informationsfäden, die von zahllosen Gerüchten und Vermutungen durchflochten sind, einigermaßen phantasievoll diskutiert, wird sich im neuen Jahre zweifellos als Vareler Wirtschaftsthema Nr. 1 durchsetzen. Ahnungsvoll beginnt bereits heute die Geschäftswelt, die neuen, in Sicht auftauchenden Faktoren ins Auge zu fassen, wobei in verschiedenen Fällen schon massivere Hoffnungen feste Gestalt annehmen.

Es ist das gute Recht Varels, sich beizeiten mit dem Garnisongedanken gründlich genug zu beschäftigen. Schlecht sind die Erfahrungen, die unsere Stadt mit einer ganz jungen Garnisons-Tradition *leider nur in einer* kurzen, wirtschaftlich verworrenen und unglücklichen Zeit hat machen können, sicherlich nicht! Als Stadt im Notstandsgebiet Friesland Wilhelmshaven darf sich Varel bestimmten Hoffnungen mit Vorrang hingeben — sie wird aber auf der anderen Seite ihren Ruf als soldatenfreundliche Stadt zu rechtfertigen wissen.

Willy Hinck

Hübsche Anlagen geben der Vorderfront der Vareler Kasernen ansehnlichen Schmuck

Abb. 56: „Nordwest-Zeitung", 31. Dezember 1955.

Mai 1956: Lettisches Konzert.

„Künstler erfreuten ihre Landsleute. Konzert im Vareler Altersheim für heimatlose Ausländer.

Varel. Zu dankenswertem Tun haben sich vier lettische Künstler — Jünger Polyhymnias — in selbstloser Weise zusammengeschlossen: sie wollen ihren Volksangehörigen in Altersheimen und Lagern durch ihre Darbietungen Freude bereiten.
Es sind dies: ***Frau Dzilna-Zaprauska (Sopran)*** *aus USA, die sich z. Zt. studienhalber in Holland aufhält,* ***Boris Piekainitis (Baß)*** *ebenfalls aus den USA, der jetzt für einige Jahre ein Engagement nach Frankfurt a. M. angenommen hat, Frau* ***Irene Hese (Klavier)*** *und* ***Nikolai Gaibrusevs (Geige)****, der uns als wiederholt und gern gehörter Künstler kein Fremder ist.*
In dieser Woche besuchten sie das Vareler Ausländer-Altersheim, wo sie in einem Nachmittagskonzert schöne Proben ihres Könnens darbrachten. Es kamen — zwei Zugaben ausgenommen — nur Kompositionen lettischer Meister zu Gehör. Alle Künstler ernteten wohlverdienten reichen Beifall. Ihre Leistungen müssen um so höher bewertet werden, als die Akustik des im Dachgeschoß des Hauses belegenen Kinosaales nicht gut ist und auch das Begleitinstrument — ein bejahrtes Pianino — das Frau Hese übrigens vortrefflich meisterte, die Klangfülle vermissen ließ, an die Künstler und Konzertbesucher gewohnt sind. Aber diese Mängel trübten nicht die Erkenntnis, das reife Kunst geboten wurde.
Nach dem Konzert vereinte ein ***Teeabend*** *Künstler und Zuhörer zu einem harmonisch verlaufenen Beisammensein im Saal des Hauses 5. Ernste und launige Reden, Zugaben der Künstler und eine* ***Darbietung des von J. Bumanis geleiteten lettischen Chores der Heimbewohner****, sowie Deklamationen heimatlicher Gedichte trugen viel zur Belebung bei. (...). Der Dank vieler folgte den Vieren, als sie am nächsten Morgen zu neuem Dienst nach Hamburg aufbrachen. Ls.“*[48]

Zu unserem Bild (Lucas): Teeabend nach dem Konzert; von rechts: der Violinvirtuose Gabrusevs, Frau Burchard, Rita Dzilna-Zaprauska, Pastor Maas.

Abb. 57: „Nordwest-Zeitung“, 26. Mai 1956.

48 Bericht in „Nordwest-Zeitung“, 26. Mai 1956.

Lettenjugend in prächtiger Nationaltracht

konnte man beim Internationalen Varieté sehen, das im Vareler Altersheim für heimatlose Ausländer viele Zuschauer erfreute; siehe auch unseren Bericht auf der dritten Seite dieser Ausgabe. Bild: Hinck

Abb. 58: „Nordwest-Zeitung“, 30. Mai 1956.

Juni 1956: Gedenken 15. Jahrestag der Deportationen aus dem Baltikum 1941.

„Varel. Der 14. Juni 1941 war wohl der schwärzeste Tag in der Geschichte der im baltischen Raum lebenden Völker – der Letten, Esten und Litauer.
Zu Tausenden wurden die Menschen zusammengetrieben, um nach Sibirien 'verfrachtet' zu werden. (...). Im Altersheim für heimatlose Ausländer hatten sich Letten, Esten und Litauer zusammengeschlossen, um gemeinsam dieser schwer geprüften Opfer stalinistischer Willkür zu gedenken.
Namens der drei Volksgruppen wurde Heimleiter Pleus gebeten, das Präsidium der Versammlung zu übernehmen. Er eröffnete sie mit einer von Herzen gehenden Ansprache (...).
Nach der Ansprache sangen die Versammlungsteilnehmer das Deutschland-Lied, dem dann Gedenkreden der drei Volksgruppenvertreter folgten und hinter jeder die Nationalhymne des betreffenden Landes.. (...).
Ein Vertreter der polnischen Volksgruppe richtete als Schicksalsgenosse in seiner Flüchtlingseigenschaft an die Letten, Esten und Litauer (...). Deklamationen und vom lettischen Chor gesungene Lieder trugen das Ihre zur würdigen Gestaltung der Feier bei. (...).“[49]

---

49 Bericht in „Nordwest-Zeitung“, 21. Juni 1956.

Schwer geprüfte Opfer der Willkür

Das Präsidium vor der mit den Flaggen und Wappen der Volksgruppen geschmückten Stirnwand des Saales Bild: Lucas

Abb. 59: „Nordwest-Zeitung“, 21. Juni 1956.

12. Juli 1956: Besuch Vertriebenen-Minister Schellhaus im Heim.

„Verständnis für heimatlose Ausländer.
Minister Schellhaus besuchte Ausländer-Wohnlager im Kreis Friesland.
Anläßlich einer ***Besichtigungsfahrt der niedersächsischen Pressekonferenz zu Lagern heimatloser Ausländer in Nordoldenburg*** *erklärte Vertriebenenminister Schellhaus, (...) daß er bestrebt sei, bei der deutschen Bevölkerung Verständnis für die seelische und soziale Not der in diesen Lagern lebenden Menschen zu wecken. (...). Niedersachsen, so betonte der Minister, nähme die Verpflichtungen gegenüber den heimatlosen Ausländern sehr ernst, beim Bund fehle es jedoch noch an einer Konzeption für die Lösung dieses Problems. Hauptanliegen sei, die in den Ausländerlagern heranwachsende Jugend in die deutsche Umgebung einzuschmelzen, ohne daß die nationale Eigenart verlorengehe. Aus diesem Grunde werde großer Wert auf Kindergärten und Kinderhorte, sowie auf Jugendheime gelegt. (...).*
In Varel begrüßte Oberkirchenrat Rühe die Gäste in seiner Eigenschaft als Leiter des Evangelischen Hilfswerkes, dem Träger des Vareler Altersheims für heimatlose Ausländer. *Hier nahm auch Stadtdirektor Lübben an den Besprechungen teil.*
Man weiß noch nicht, wie die Unterbringung der Heiminsassen erfolgen soll, wenn die Kasernen einmal geräumt werden müssen. Das Bundesverteidigungsministerium müßte für Ersatz sorgen, aber vorläufig ist die Angelegenheit „noch auf Eis gelegt“, *wie uns mitgeteilt wurde.*
Wir erinnern in diesem Zusammenhang aber an die Zusage des Verwaltungspräsidenten Dannemann anläßlich des Festaktes bei der Hundertjahrfeier der Stadt Varel, daß zumindest ein Teil der Ausländer hier in Varel bleiben soll, das wäre – so sagte der Präsident – auch schon eine moralische Pflicht. Wenn also ein Teil der heimatlosen Ausländer in absehbarer Zeit mit einer „Umsiedlung“ wird rechnen müssen, so liegt doch kein Grund zu Befürchtungen oder Unruhe vor; es wird für diese Menschen gesorgt, daß sie sich nicht verschlechtern werden oder sich erneut als 'Vertriebene' fühlen müßten. Kl.“[50]

---

50 Bericht in „Nordwest-Zeitung“, 12. Juli 1956.

9. Dezember 1956: Ankunft Ungarn-Flüchtlinge im Heim.

„Ungarn-Flüchtlinge in Arbeit. Varel. ***Die am 9. Dezember im Altersheim für heimatlose Ausländer in Varel angekommenen Ungarn-Flüchtlinge*** *sollten nach einer Anordnung des Vertriebenenministeriums wieder nach Hannover zurückgeschickt werden. Da aber alle männlichen Angehörigen Facharbeiter sind und bereits gute Stellungen erhalten haben, haben sie verlangt, daß ihnen in Hannover ebenfalls sofort eine Arbeitsstelle garantiert werde. So sind die Ungarn-Flüchtlinge in Varel geblieben und werden voraussichtlich auch vorerst noch hier bleiben."*[51]

24. Dezember 1956: Weihnachtsbescherung im Heim.

„Allerlei Respekt vor dem Weihnachtsmann.
Knecht Ruprecht und seine Zwerge mußten schwitzen — Freudenbringer für viele..
Varel. (...). Bescherung für Ungarn. Die Rolle des Weihnachtsmannes für die ***28 im Vareler Altersheim für heimatlose Ausländer untergebrachten Ungarn, darunter acht Kinder****, hatte der Leiter des DRK-Kreises Varel, Dr. Wilhelm Maaß, übernommen. Er wurde tatkräftig unterstützt von seinen ehrenamtlichen Helferinnen, die in dem weihnachtlich geschmückten „YMCA"-Zimmer des Blockes Nummer V allerlei Gaben für junge und ältere Ungarn auspackten.*
Dr. Maaß gab in seiner kurzen Ansprache der Hoffnung Ausdruck, daß die kleine Gruppe der ungarischen Flüchtlinge in Varel das Gefühl der Geborgenheit zum diesjährigen Weihnachtsfest nicht vermissen möge. Mit Freude und dankbarer Rührung wurden die Gaben des DRK entgegengenommen. Zwei Deutsch sprechende Ungarn dankten im Namen ihrer Landsleute, von denen einige schon in feste Arbeitsplätze vermittelt werden konnten. Andere fangen im Januar ebenfalls mit der Arbeit an."[52]

Weihnachtsfreude für die Ungarn

Wie berichtet, übergab DRK-Kreisvorsitzender Dr. Maaß (rechts) im Altersheim für heimatlose Ausländer Gaben an die dort untergebrachten ungarischen Flüchtlinge. Neben ihm der ungarische Dolmetscher, dahinter Damen vom DRK Varel. Bild: Hinck

Abb. 60: „Nordwest-Zeitung", 28. Dezember 1956.

---

51 Bericht in „Nordwest-Zeitung", 22. Dezember 1956.
52 Bericht in „Nordwest-Zeitung", 24. Dezember 1956.

Januar 1957: „Hamburger Abendblatt“ im *„größten Altersheim Europas“*.

Eine Schiffskarte nach Australien, die ihr eine deutsche Pflegerin in die Hand drückte, machte die heimatlose litauische Bäuerin Anna Zunda Seilis zur glücklichsten Mutter der Welt. Sie lebt im größten Altersheim Europas, in Varel.

Von unserem Mitarbeiter **H. R. Stache**

Varel (Oldenburg), 2. Januar

Das runde Gesicht der Litauerin sieht durch die ihre Züge überstrahlende Freude um zwanzig Jahre jünger aus. Seitdem Anna Seilis die Schiffskarte erhielt, trägt sie nur noch ihren Sonntagsstaat aus Litauen, ein schwarzes Kleid und das bunte Kopftuch. Ihre Hände streichen immer wieder über die schwarzseidene Schürze, und bis jetzt hat Anna fast 700 Glückwünsche entgegengenommen. Sie ist eine der „Einzelpersonen“ des größten internationalen Altersheimes in Europa. Es liegt in den ehemaligen Marinekasernen von Varel am Jadebusen. 700 Männer und Frauen aus zwölf europäischen Nationen verbringen hier ihren Lebensabend.

Anna Seilis wollte vor sechs Jahren mit ihren Kindern Andreas und Wilhelmina nach Australien auswandern. Das Geld reichte nicht für die drei. Anna veranlaßte die Kinder, allein zu gehen. Seither haben die beiden in Australien gespart und gerade jetzt ist das Geld für die Schiffskarte zusammengekommen. In ein paar Wochen wird Mutter Anna bei Andreas und Wilhelmina in Australien daheim sein. Sie meinte, die Heimat sei immer dort, wohin die Sehnsucht geht.

Kutscher Besucki — jetzt ein Meister am Webstuhl

Die Sehnsucht der 700 anderen Alten von Varel, von denen zwölf schon über 90 und 150 über 80 Jahre alt sind, geht nach dem Osten. Die meisten von ihnen sind 1945 aus Lettland, Estland, Litauen, Polen, Jugoslawien, Rumänien und der Tschechoslowakei geflüchtet. Die Hälfte von ihnen waren Akademiker, Beamte, Offiziere, Soldaten, Techniker und Kaufleute. Das Leben hat ihnen drüben keine Chance mehr gelassen. Und nun? Vor sechs Jahren waren sie noch 1500. Die anderen sind ausgewandert und gestorben. Die Bäuerin Anna ist die letzte von ihnen, die nach Übersee geht.

In den vier Gebäudekomplexen des Altersheims haben die Übriggebliebenen (475 Einzelpersonen und 108 Ehepaare) drei Kapellen für lutherische, katholische und orthodoxe Gläubige. In diesen mit andächtiger Liebe ausgestatteten Kirchenräumen, in denen zur Melodie eines Liedes der Text gleichzeitig in elf Sprachen gesungen wird, verbindet die Andacht sie alle. Aber zwischen den Kapellen und dem Friedhof von Varel, auf dem schon 300 Gräber mit fremden Namen stehen, liegt noch immer dieses Leben mit seinem letzten Glanz, mit Sorge, Hoffnungen und Erkenntnissen.

Ein Gartentor führt vom Heim in den Stadtwald. „Liebespforte“ nennen sie die schlichte eiserne Tür. Es hat viele Heiraten unter den alten Leuten gegeben. Die späte Zuneigung ist eine Flucht vor der Einsamkeit.

Sie züchten auch Hühnner, legen kleine Gärten an und Josef Strzelecki aus Lodz, der mit seinem langen weißen Bart immer den Weihnachtsmann spielt, hat sich sogar ein paar Ententeiche gegraben. Sie haben auch eine Schafzucht. Täglich trug Josef seine Milch heimlich zu den Lämmern. Als man ihm dann verzeihend neue Milch in die Frühstückstasse schüttete, brachte er eine Flasche mit, und die Lämmer bekamen eine Doppelration.

Die große Bitterkeit des Lebens hat die Alten, die jetzt von der deutschen Fürsorge unterhalten werden, alle gleichgehobelt: da ist der Kosak Fjodor, damals 77 Jahre alt, mit den deutschen Truppen aus dem Kaukasus geflüchtet, er träumt aber immer noch von der Steppe und seinen Pferden oder Oberst Sieverts aus Riga, der mit seinem weißen Schnauzbart durch Varel spaziert, als wäre er auch hier Stadtkommandant. Ferner: Kriegsminister Rudolf B. aus Lettland, letzter General der lettischen Legion. — Flugzeugkonstrukteur Nikolai J. aus Odesse, dessenFamilie in Australien lebt. — Erzpriester Tolstouchovs aus Riga und Metropolit Augustinus, von denen die orthodoxen Kirchen in Norddeutschland betreut werden. — Droschkenkutscher Besucki aus Kalisch, jetzt ein Meister am Webstuhl.

Und da ist die Schwester eines Admirals der lettischen Marine. Sie sollte vor Jahren mit einem Schiff der internationalen Flüchtlings-Organisation auswandern. Als sie die Gangway betrat, hielten IRO-Beamte sie zurück. In ihren Papieren entdeckte man ein Röntgenbild, das deutlich Zeichen von Tuberkulose andeutete. Frau Sp. ist noch heute kerngesund. Man hatte damals ihr Röntgenbild mit dem einer anderen Auswanderin vertauscht. So wurde sie für immer von ihrer Familie getrennt.

Pan N., dessen Tochter nach Australien auswanderte und glücklich war, ihr folgen zu dürfen, kam ein Jahr später wieder nach Varel zurück. Anja hatte geheiratet, und der Schwiegersohn wollte ihn nicht haben. Frau Jurgeff, Gattin eines Kriegsgerichtsrats und Freundin des Zarenhofes in Petersburg, malt heute Ikonen für orthodoxe Kirchen in ganz Westeuropa. Oberst Katen aus Leningrad fertigt Bilder aus Leder und Stoffresten. Sie werden bis Amerika verkauft. Für das Geld erstand er für die Freundin seines Alters einen Grabstein.

Die Redlichkeit des Alters baut in diesem Heim eine andere Welt. In deren Mittelpunkt stehen die Kirchenglocke draußen, Blumenbeete, Blumenstöcke am Fenster, warme Kaffeetöpfe. Als einmal im Saal ein kurz vorher in den Zimmern der Alten aufgenommenes Tonband ablief, hörte Maria Sch. sich selbst zum erstenmal aus dem Lautsprecher. Sie sah erschrocken in die Gesichter der anderen, schlug die Hände zusammen und sagte: „Wie ist das nur möglich, ich spreche doch gar nicht, ich bin doch ganz still." s.

Abb. 61 a-d: „Hamburger Abendblatt", 2. Januar 1957.

Januar 1957: Ungarische Flüchtlinge bei der katholischen Kirchengemeinde - Besuch Bischöflicher Offizial Grafenhorst.

„Bischöflicher Offizial segnete Ungarn.
Freude für die ungarischen Flüchtlinge in Varel durch den Caritas-Verband.

Varel. Als Gäste der katholischen Kirchengemeinde ***weilten die im Vareler Altersheim für heimatlose Ausländer untergebrachten 28 Ungarn im St. Johannes-Stift****, wo ihnen im Anschluß an eine Feierstunde in der Kapelle der sakramentale Segen durch den Bischöflichen Offizial Grafenhorst erteilt wurde. In Begleitung des Offizials, der als Vertreter des Bischofs von Münster höchster Würdenträger der katholischen Kirche im Verwaltungsbezirk Oldenburg ist, befand sich Caritas-Direktor Watermann. (...). Pfarrer Sander hieß im weihnachtlich geschmückten Raum auch Bürgermeister Nieraad als Gast willkommen.*
Der Bischöfliche Offizial überbrachte die Grüße des Bischofs von Münster und gab den Ungarn, die vollzählig der Einladung gefolgt waren, tiefes Bedauern für ihr Schicksal zum Ausdruck (...).
Bürgermeister Nieraad begrüßte die Ungarn als neue Einwohner Varels. (...). Die Stadt Varel werde sich (...) um die Ungarn kümmern und sich dafür einsetzen, daß möglichst alle arbeitswilligen Mitglieder der ungarischen Gruppe auch Arbeit bekommen, (...).
Caritas-Direktor Watermann, dessen Verband dieser Feier das finanzielle Fundament gegeben hatte, bemühte sich, Licht und Freude in die andächtige Feier zu bringen. Es gelang ihm auch: ***das Christkind erschien mit Gaben für alle Ungarn*** *(...).*
Die Ungarn erstatteten tief empfundenen Dank durch ihren ***Dolmetscher Dr. Fleischmann****.*
Dann erklang ein Weihnachtslied aus Ungarn.

Ein kleines ungarisches Pärchen, Attila und Clary, überreichten dem Offizial, dem Caritas-Direktor und dem Bürgermeister immergrüne Zweige mit den ungarischen Landesfarben.
*Der **Leiter der katholischen Schule, Langhorst, der mit seinem Schulchor Weihnachtslieder sang**, sammelte später eine kleine Schar ungarischer Jungen und Mädel um sich. Sie gehen bei ihm in die Schule und erhalten Unterricht in der deutschen Sprache. (...). WH* [Willy Hinck].“[53]

Zeichen des Dankes für den Bischöflichen Offizial Grafenhorst (im Vordergrund) und Caritas-Direktor Watermann Bilder: Hinck

Abb. 62: „Nordwest-Zeitung“, 2. Januar 1957.

Schulleiter Langhorst mit seinen ungarischen Schülerinnen und Schülern

Abb. 63: „Nordwest-Zeitung“, 2. Januar 1957.

Juni 1957: Schallplatten-Konzert im Altersheim.

„Völkerverbindende Kraft der Musik.
Internationales Schallplattenkonzert im Altersheim für heimatlose Ausländer zu Varel.

*HK Varel. Im Altersheim für heimatlose Ausländer hatte sich im großen Saal von Haus III eine stattliche Anzahl von Besuchern aus vier Nationen zu einer Feierstunde besonderer Art zusammengefunden. **Der aus Danzig stammende Dozent G. Krause veranstaltete für die Heiminsassen ein Schallplattenkonzert mit internationaler Musik.***
Derartige Veranstaltungen, die er, gestützt auf ein außerordentlich reichhaltiges und vielseitiges Schallplattenarchiv, überall in Heimen und Schulen durchführt, dient dem Gedanken, durch gute Musik Freude zu bereiten und überallhin die segensreiche, völkerverbindende Kraft der Musik wirken zu lassen. Es ist das besondere Anliegen G. Krauses, Musikwerke in erstklassigen Wiedergaben gerade an solche Menschen heranzutragen, die sonst kaum Gelegenheit zum Besuch eines Konzertes haben, und an solche, in denen die Freude an wertvoller Musik geweckt werden soll.

53 Bericht in „Nordwest-Zeitung“, 2. Januar 1957.

Seine Arbeit findet daher rege Unterstützung und Förderung internationaler, kulturell interessierter Kreise und führt ihn weit in der Welt herum. Eine Anerkennung aus Finnland beispielsweise hat G. Krause geradezu als 'Musikmissionar' bezeichnet.
Dieses erste Schallplattenkonzert im Vareler Altersheim für heimatlose Ausländer, dem noch weitere folgen sollen, brachte den aufmerksam lauschenden Hörern Beispiele guter russischer Musik.
(...). Zwei Sätzen aus Tschaikowskys 2. Klavierkonzert, gespielt von Chura Cherkassky mit den Berliner Philharmonikern, folgte die hochdramatische Schlußszene aus Mussorgkys Oper „Boris Godunoff" in einer erstklassigen Londoner Aufnahme; sie war einst eine der Glanzrollen des unvergessenen Bassisten Fedor Schaljapin. Einem Thema aus Sergej Rachmaninoffs 3. Symphonie schlossen sich altrussische Kirchengesänge in einer Wiedergabe durch die unübertroffenen Donkosaken unter Sergei Jaroff an, und Anatole Liadows stimmungsvolle Impression „Der verzauberte See" beschloß die Veranstaltung. (...). Hausverwalter Drews dankte dem Vortragenden im Namen der Besucher und der Heimleitung (...)."[54]

Juni 1957:
Gedenkfeier zum Jahrestag der Deportationen aus dem Baltikum 1941.

„Gedenktag für baltisches Volkstum
Würdige Erinnerungsfeier der nationalen Komitees im Vareler Ausländerheim.

(...). Zur Gedenkfeier hatten sich zahlreiche Angehörige der estnischen, lettischen und litauischen Volksgruppen im würdig geschmückten Saale des Altersheimes versammelt, um der Opfer aus den Reihen ihres Volkstumes zu gedenken.
Die Bühne zeigte als ernsten Schmuck die Landeswappen und Nationalflaggen der drei baltischen Staaten hinter einem Stacheldrahtzaun, die durch einen über alle drei hinweggespannten Trauerflor zusammengefaßt waren, so symbolisch die Einigung in gemeinsam getragenem Leid ausdrückend.

An einer mit den Flaggen der baltischen Staaten und der der Bundesrepublik als des Gastlandes geschmückten Tafel nahm das Komitee der Feier Platz.
Es bestand aus den drei Vorsitzenden der nationalen Komitees, zu denen als Ehrenpräses der Heimleiter Westphal und als Ehrenmitglied die Fürsorgerin des Heims, Frau Burkhard, gebeten waren.
Nach den Eröffnungsworten des Präsidiums wurde die Feierstunde mit einem Choral des lettischen Chores unter Leitung von J. Bumanis eröffnet.
Ansprachen der Vorsitzenden der einzelnen nationalen Komitees in den jeweiligen Landessprachen, die alle dem Gedenken an den für die Völker der baltischen Staaten so schwerwiegenden Tag und der Trauer über die schweren Verluste baltischen Volkstums Rechnung trugen, Deklamationen zur Erinnerung an den gemeinsamen Trauertag und der Gesang der deutschen, lettischen, estnischen und litauischen Nationalhymnen bildeten den Hauptteil der Gedenkfeier.

Für die Gäste sprach ein Vertreter der ukrainischen Volksgruppe.

Ernste Chorgesänge des lettischen Chores, die sich alle auf den gemeinsamen Erinnerungstag bezogen, und die Ansprache eines Heiminsassen in deutscher Sprache beschlossen die Trauerfeier zum Gedenken des 14. Juni 1941; im Schlußwort sprach Ehrenvorsitzender Westphal den Wunsch aus, daß die baltischen Staaten ihre ersehnte Freiheit wieder zurückgewinnen möchten und daß den Vertriebenen die Rückkehr in ihre ihnen entrissene Heimat ermöglicht werden möge."[55]

---

54 Bericht in „Nordwest-Zeitung", 12. Juni 1957.
55 Bericht in „Nordwest-Zeitung", 17./18. Juni 1957.

Juli 1957: Konzert lettischer Künstler.

Heimische Musik ist reiches Besitztum

Lettische Künstler gaben ein Konzert im Altersheim für heimatlose Ausländer

HK Varel. **Das lettische Komitee im Altersheim für heimatlose Ausländer unter J. Bumanis als Präses hat es sich schon immer angelegen sein lassen, durch eifrige Pflege heimischen Brauchtums und heimischer Kultur seine hier wohnenden Volksangehörigen innerlich zusammenzuhalten und den Gedanken ihrer volkstumsmäßigen Verbundenheit zu vertiefen. So hat sich diese lettische Volksgruppe mit eigenen Mitteln einen Gemeinschaftsraum mit Erinnerungen an die verlorene Heimat und dem Schmuck nationaler Embleme eingerichtet.**

Auch der sehr rege lettische Chor unter der Leitung von J. Bumanis dient dieser Pflege angestammten Volkstums. Die Frauen der Gruppe haben in gemeinsamer Arbeit für sich die alten lettischen Volkstrachten geschneidert und gestickt, die bei festlichen Gelegenheiten getragen werden und den Veranstaltungen einen feierlichen Rahmen geben. Als eine besondere Förderung der im Vareler Heim für heimatlose Ausländer gepflegten kuturellen Arbeit mag es gewertet werden, daß das Komitee es immer wieder unternimmt, Künstler des eigenen Volkstums, die sich der Betreuung ihrer in aller Welt verstreuten Volksgenossen widmen, zu Veranstaltungen von hohem Wert zu gewinnen.

Konzertreise durch die Bundesrepublik

Eine Feierstunde dieser Art war das Konzert dreier lettischer Künstler, das im großen Kinosaal des Altersheimes stattfand. Die Künstler, die jedem Großstadtprogramm Ehre machen würden, haben sich zu einer Konzertreise durch die Bundesrepublik zusammengetan, um ihre Landsleute durch ihre Musik — ausschließlich Werke lettischer Komponisten — zu erfreuen und sie im Gedenken an ihre verlorene Heimat zu bestärken.

Die Sopranistin Mirdza Polikevica, die bei Professorin Else Sieler an der Musikakademie Stuttgart ihr Musikstudium durchgeführt und sich dann in Australien niedergelassen hat, befindet sich zur Zeit auf einer Konzertreise durch Europa. Sie ist eine ausgezeichnete Liedersängerin, die in ihrem gepflegten lyrischen Sopran über ein Stimmenmaterial verfügt, das für den ausdrucksvollen und beseelten Vortrag ihrer Lieder vorzüglich geeignet ist. Eine fein nuancierte Gestaltung, sehr deutliche Aussprache und persönlicher Charm tragen zur nachhaltigen Wirkung ihrer Lieder bei, mit denen sie sogleich eine innere Verbindung zu den aufmerksam lauschenden Hörern herstellte. Mirdza Polikevica brachte Kunstlieder und volkstümliche Lieder, die von den lettischen Komponisten Emils Darzins (1875—1911), Alfreds Kalnins (1879) und Janis Medins (1890) vertont sind und die reizvolle Proben der in der weiten Welt wenig bekannten lettischen Musik sind. Die Begleitung am Klavier führte Jrene Dunkels aus.

Jrene Dunkels, eine Absolventin des Konservatoriums in Lettland, ist gemeinsam mit ihrem Gatten Alfreds Dunkels nach Schweden ausgewandert, wo sie als Konzertpianistin und als Leiterin der Klavierklasse an der Musikschule in Upsala tätig ist. Sie ist eine vorzügliche Pianistin, die sich nicht nur als anpassungsfähige Begleiterin der Lieder und der Kammermusikwerke erwies, sondern auch solistisch im Vortrag von vier „Dainas" des Komponisten Janis Medins, der gleichfalls in Schweden im Exil lebt und schafft, sich als Pianistin von hohem Können und reifer Technik hervortat. Die Dainas sind eine Kunstform national-lettischer Musik, sie gaben der Künstlerin reiche Entfaltungsmöglichkeiten. Ihr energischer und dabei weicher Anschlag zeugt von hoher Musikalität.

Alfred Dunkels, gleichfalls Meisterschüler des lettischen Konservatoriums und einst Mitglied des Orchesters der Nationaloper in Riga, ist jetzt nach seiner Auswanderung künstlerisch in Schweden tätig, wo er die Violinklasse der Musikschule in Upsala leitet. Er ist ein Geiger von hohen Graden. Von seiner Gattin Jrena Dunkels in gleicher Vollendung am Klavier begleitet, spielte Alfreds Dunkels zunächst die zweite Violinsonate (1954) von Janis Mednis. Dieses spannungsvolle zeitgenössische Werk stellt durch die Eigenart seiner oft herben Harmonien an den Hörer einige Ansprüche, überzeugt aber schnell durch ihre konsequente musikalische Behandlung. Nicht minder überzeugend waren das Präludium mit seiner abwechselungsreichen und gegensätzlichen Thematik und die stimmungsvolle Romanze voll ernster, bewegter Gedanken, gleichfalls beides Werke des Komponisten Janis Medins.

Musikalisches Erlebnis

Die Begegnung mit den drei Künstlern, die schon in mehreren deutschen Großstädten mit großem Erfolg konzertierten, war ein eindrucksvolles musikalisches Erlebnis. Die herzlichen Dankesbezeugungen und die Blumengebinde, die den drei Künstlern am Schluß des Konzertes gespendet wurden, bewiesen den tiefen Eindruck, den ihre Musik bei den zahlreichen Besuchern gemacht hat.

Dem Konzert schloß sich dann, wie es bei den Volkstumsgruppen im Vareler Altersheim für heimatlose Ausländer schon seit Jahren schöner Brauch geworden ist, ein geselliger Tee-Abend mit den Künstlern und Gästen an, der gleichfalls der Verbundenheit im Gedanken an die entrissene baltische Heimat diente. Im geschmackvoll mit Blumen und frischem Grün geschmückten großen Saal der lettischen Gruppe hatte sich eine froh gestimmte Schar versammelt; die kunstvollen, farbenfrohen lettischen Volkstrachten, die von vielen Mitgliedern des lettischen Chores getragen wurden, belebten den festlichen Gesamteindruck.

Beisammensein mit Vareler Gästen

Der Präses des Vareler lettischen Komitees, J. Bumanis, eröffnete den Abend mit heiterer Begrüßung der Gäste und Dank an die drei Künstler, die ihre Musik gewissermaßen als Besuchergeschenk mitgebracht hätten. Im Auftrage der Heimleitung überbrachte Dr. W Cleemann herzliche Grüße und sprach abschließend die Hoffnung aus, daß es den Angehörigen der lettischen Volksgruppe vergönnt sein möge, als freie Menschen einst in ihre angestammte Heimat zurückzukehren. Ernsthafte und zum Nachdenken anregende Worte sprach Oberst V Janums, der Vorsteher der lettischen Organisation „Daugavas Vanagi" als Mitglied des Lettischen Zentralkomitees in der Bundesrepublik.

Gesangsvorträge des lettischen Chores unter J. Bumanis und gemeinsam gesungene lettische Volkslieder sowie Deklamationen und kurze Ansprachen und Vorlesungen bereicherten das Beisammensein, dem noch gern gebotene musikalische Vorträge der drei Künstler weitere Höhepunkte gaben. Alfreds Dunkels sprach über die Bedeutung der heimischen Musik als eines reichen Besitztums derer, die alle materiellen Güter verloren hätten. Pastor Maas dankte im Namen der Gäste aus der Stadt Varel für die gebotene Gastfreundschaft und hob hervor, daß auch da, wo die Sprache der Worte nicht verstanden würde, doch die Sprache der Musik und die Sprache der Herzen immer verstanden werden würde und geeignet sei, eine Brücke zu schlagen zwischen Völkern verschiedener Muttersprachen.

Abb. 64: „Nordwest-Zeitung", 24. Juli 1957.

Blick in den Saal während der Konzertpause; unten: von rechts J. Bumanis, Alfred und Irena Dunkels, Mirdza Polikevica und Oberst V Janums Bilder (2): Lucas

Abb. 65: „Nordwest-Zeitung", 24. Juli 1957.

Oktober 1957: Beschluss Stadtrat zum Bau Altersheim Oldenburger Straße.

*„**Altersheim für 90 Personen in Varel.***
*Kl Varel. 'Wir haben sehr gute gemeinsame Arbeit geleistet, dafür danke ich dem Rat' — das waren die Schlußworte von Bürgermeister Nieraad nach genau einstündiger Ratssitzung am Freitagabend, in der **als wichtigster Beschluß die einmütige und freudige Zustimmung zum Bau eines Altersheimes** und die Unterstützung dieses Projektes durch die Stadt zu erwähnen ist. Es handelt sich um die **Verwirklichung eines Planes, der spätestens in dem Augenblick aufgetaucht war, als die Wiederverwendung der Kasernen für militärische Zwecke bekannt wurde.***
*Schon anläßlich der Hundertjahrfeier der Stadt wurde vom Verwaltungspräsidenten von dem 'moralischen Recht' der Stadt gesprochen, eines der **für die Unterbringung der heimatlosen Ausländer vorgesehenen Altersheimes** zu erhalten. Der Bund stellt 'je Bett' (diese Formulierung umfaßt die Gesamtsumme der je Person zugebilligten Erstellungskosten) 7 500 DM zur Verfügung. 'In Anerkennung der Tatsache', so hieß es in der Ratssitzung, daß der Verein 'Ev.-luth. Altersstift Varel e.V.' den vom Bund finanzierten Neubau eines Altersheimes übernommen hat, und weil die Stadt an diesem Neubau sehr interessiert ist, wird dem Verein der **Bauplatz für das Heim zur Größe von 1,4998 ha** von den städtischen Grundstücken am Bäker unentgeltlich übertragen. **Außerdem wird die Stadt die Straße, die von der Oldenburger Straße zum Altersheim führt, mit Kanalisation und Wasserleitung sofort ausbauen.** (...).“*[56]

November 1957: Gedenkfeier zur Unabhängigkeitserklärung Lettlands und Konzert lettischer Künstler.

„HRK. Varel. Die lettische Volksgruppe im Altersheim für vertriebene [sic!] Ausländer in Varel gedachte des 39. Jahrestages der Unabhängigkeitserklärung Lettlands am 18.11.1939.
Eine große Festveranstaltung, zum Teil in heimischen Nationaltrachten, füllte den Saal des Hauses bis auf den letzten Platz, (...).

*Ein feierlicher Choral eröffnete die Gedenkfeier; er wurde gesungen vom **lettischen Chor unter Leitung von J. Bumanis**, dem Präses des lettischen Komitees in Varel.*
Hierauf begrüße er seine Landsleute, die Vertreter der Heimleitung und die Gäste. (...).
Vertreter der estnischen und litauischen Volksgemeinschaften überbrachten Grußbotschaften dieser Gruppen zum Unabhängigkeitstag der ihnen verbrüderten lettischen Volksgruppe.

*Es schloß sich an diesen offiziellen Teil der Feier ein **Konzert lettischer Künstler** an, (...).*
*Das lettische Nationalkomitee hatte wieder hervorragende Künstler verpflichtet. **Irene Petersons, eine jugendliche Sopranistin** vom dramatischen Fach, zeigte gute Schulung und reifes Können. (...).*
***Boris Pieskalnitis** ist ein hervorragender Bassist internationaler Prägung. (...).*
***Lydia Miller** begleitete die Lieder und Duette anpassungsfähig und und mit feinem Verständnis für den Inhalt. (...).*

Anschließend versammelten sich die Angehörigen der lettischen Volksgruppe mit den Künstlern und ihren Gästen zu einer gemütlichen Teestunde. Es wurden noch viele Ansprachen gehalten, Gedichte rezitiert und gemeinsam Heimatlieder gesungen. (...).“[57]

---

56 Bericht in „Nordwest-Zeitung“, 12. Oktober 1957.
57 Bericht in „Nordwest-Zeitung“, 22. November 1957.

Sie gestalteten die Gedenkfeier (von links): Boris Piekalnitis (Baß), Irene Petersons (Sopran) in lettischer Nationaltracht, Oberst V. Janums, Lydia Miller (Pianistin) und J. Bumanis Bild: Lucas

Abb. 66: „Nordwest-Zeitung“, 22. November 1957.

März 1958: Notiz zum geplanten neuen Heim.

Neues Gebäude für heimatlose Ausländer

Varel. Das in den Kasernen von Varel untergebrachte Altersheim für heimatlose Ausländer muß bis zum 1. Juli 1959 geräumt werden, weil die Kasernen von der Bundeswehr gebraucht werden. Die evangelisch-lutherische Kirche Oldenburg und die Stadt Varel beschlossen deshalb, ein neues Altersheim in Varel bauen zu lassen. Es soll, wie die Stadtverwaltung mitteilte, 40 Doppel- und 30 Einzelzimmer sowie ein Gebäude für das Personal und ein Pflegeheim erhalten. Der Bau wird etwa 1,3 Mill. DM kosten.

Abb. 67: „Nordwest-Zeitung“,
29. März 1958.

Pfingstsonntag 1958: Lettische Gesänge und Tänze.

*„**Hamburger Gruppe bereitete Freude im Ausländer-Altersheim**.*

*HRK. Varel. Zum Pfingstsonntag hatte das Lettische Komitee im Altersheim für vertriebene Ausländer als eine besonderes schöne Überraschung die **Hamburger lettische Gesang- und Tanzgruppe zu einem Nachmittag mit heimischen Liedern und Volkstänzen** gewonnen.*
Die Veranstaltung im Kinosaal des Altersheims war daher recht gut besucht.
*Im Programm wechselten **Chorgesänge** der gut geschulten Singgruppe unter Leitung von a. Cipulis und **Volkstänze** der beweglichen Tanzgruppe unter Frau A. Jagers miteinander ab.*
Die erste Gruppe der Chorgesänge brachte Vertonungen uralter lettischer Sagenlieder und Volksballaden, (...).

In der zweiten Gruppe der Chorgesänge überwogen heitere Scherzlieder und innige Lieder im Volkston, (...).
Die Singgruppe verfügt über gutes Stimmenmaterial und zeichnet sich durch sehr deutliche Aussprache aus. (...).
Urwüchsigkeit und Temperament zeichnen auch die lettische Volkstänze aus, von denen eine reiche Auswahl geboten wurde. (...).
Die farbigen Nationaltrachten – auch der Chor sang in Tracht – trugen mit zur Geschlossenheit der Gesamtwirkung bei. (...).“[58]

Juni 1958:
Gedenkfeier zum Jahrestag der Deportationen aus dem Baltikum 1941.

„Gedenktag baltischer Volksgruppen.
Feierstunde im Altersheim für heimatlose Ausländer.

DG Varel. Der 14. Juni 1941 war ein schwarzer Tag in der wechselvollen Geschichte der baltischen Völker. An jenem Tage wurden in einer gewaltsamen Aktion in den von Sowjetrußland besetzten Staaten, die erst nach dem ersten Weltkrieg ihre nationale Unabhängigkeit erlangten, zahllose nationalbewußte Angehörige der baltischen Völker, aus allen Schichten und Berufen, überraschend festgenommen und in russische Zwangsarbeitslager deportiert.
Viele Verschleppte kamen zu Tode, und zahlreich ist die Menge derer, die noch heute an den Konzentrations- und Strafarbeitslagern Sibiriens schmachten.
Die Angehörigen der baltischen Völker, die in der nichtbolschewistischen Welt überall in der Zerstreuung leben, begehen seitdem diesen Tag alljährlich als einen nationalen Trauertag und gedenken an ihm des schweren Schicksals, das ihre Heimatländer betroffen hat.
Das Gedenken an die gemeinsam erlittene Not und an die gemeinsam gebrachten Opfer eint die Angehörigen der baltischen Völker über alle politischen Grenzen und über alle äußere Trennung hinweg.
*Auch im Altersheim für heimatlose Ausländer in Varel wird schon seit Jahren dieser gemeinsame nationale Trauertag stets in würdiger Weise begangen, **in diesem Jahr hatten die nationalen Komitees der Letten und Litauer sich zur Veranstaltung des Festaktes in dem Saale des Heims vereinigt**. Die Tribüne war mit Wappen und Flaggen der beiden Staaten und mit der Bundesflagge geschmückt. Symbolische Ketten, die die nationalen Embleme der beiden Länder umspannten, deuteten auf die Unfreiheit der verlorenen Heimat hin.*
***Heimleiter Westphal als Ehrenpräses des Komitees leitete die Feier**, die auch in diesem Jahr wieder von den Nationalhymnen und von Chorliedern des lettischen Gemischten Chores unter der Direktion von J. Bumanis, sowie von Deklamationen, die dem Anlaß der Gedenkstunde angemessen waren, umrahmt wurde.*
*Es sprach zunächst **Pastor P. Gircius von der litauischen römisch-katholischen Kirche**, der der schweren Opfer der Verschleppungen vor 17 Jahren und der Unterdrückung des religiösen Lebens in den baltischen Ländern gedachte und mit einem Gebet schloß.*
*Weiterhin sprachen **J. Bumanis als Präses des lettischen Komitees** und **H. Matisas als Präses des litauischen Komitees**. Ein Angehöriger der ukrainischen Volksgruppe als einer gleichfalls vom Bolschewismus geknechteten Gemeinschaft sprach im Namen der Gäste.*
In seinem Schlußwort sprach Ehrenvorsitzender Westphal den Wunsch nach der Befreiung aller unterdrückten Völker aus. Die Feierstunde schloß mit einem Bekenntnis zum Frieden in aller Welt.“[59]

---

58 Bericht in „Nordwest-Zeitung“, 28. Mai 1957.
59 Bericht in „Nordwest-Zeitung“, 20. Juni 1958.

November 1958: Gedenkfeier zur Unabhängigkeitserklärung Lettlands.

„Zum Gedenken an die Unabhängigkeitserklärung vor 40 Jahren.

DG. Varel. Die sehr rege lettische Volksgruppe im Altersheim für heimatlose Ausländer ist eine der Keimzellen des nationalen Zusammenhaltes der Gruppen aus den ehemaligen baltischen Staaten. Der Gründungstag des lettischen Staates jährte sich jetzt zum 40. Male.
Aus diesem Anlaß beging die lettische Volksgruppe unter dem Präses ihres Komitees, J. Bumanis, und im Zusammenwirken mit der Ortsgruppe der Organisation 'Daugavas Vanagi' in feierlicher Weise das Gedenken an den Tag, der dem lettischen Volke damals die staatliche Selbstständigkeit brachte. In einem eingehenden Referat (...) schilderte J. Bumanis die geschichtliche Entwicklung in Lettland in den vergangenen 40 Jahren. Dann ging er auf die Bestrebungen und Ziele der jetzigen lettischen Unabhängigkeitsbewegung ein.
Vertreter der Heimleitung und der übrigen im Vareler Altenheim untergebrachten Volksgruppen überbrachten die Grüße und Wünsche ihrer Organisationen zum Gedenktag. (...).
Ein geselliges Beisammensein der Angehörigen der lettischen Volksgruppe mit ihren Gästen, in dessen Verlauf viele Volkslieder gesungen und kurze Ansprachen gehalten wurden, beschloß die Feier. Ein besonders festliches Gepräge erhielt dieser Gedenktag dadurch, daß nach Einbruch der Dunkelheit in allen Zimmern des Altenheimes, die von Letten bewohnt sind, brennende Kerzen in die Fenster gestellt wurden, die dem Gedenken an die ferne Heimat auch äußerlich Ausdruck geben sollten.“[60]

Dezember 1958:

Adventssingen im Altersheim

Im Vareler Altersheim für heimatlose Ausländer erfreute der Ostdeutsche Heimatchor unter Leitung von G. Kirschke die Insassen und ihre Betreuerinnen wieder mit einem Adventssingen **Bild: Rother**

Abb. 68: „Nordwest-Zeitung“, 4. Dezember 1958.

60 Bericht in „Nordwest-Zeitung“, 24. November 1958.

Januar 1959:
Letzte Weihnachtsfeier der orthodoxen Christen im Heim.

„Zum letzten Mal gemeinsame Feier.
Varel. Orthodoxe Christen, und zwar Russen, Jugoslawen und Angehörige anderer osteuropäischer Länder aus dem Altersheim für heimatlose Ausländer in Varel, begingen am Dienstag ihr Weihnachtsfest. Sie feierten dieses Fest zum letzten Male gemeinsam in Varel, denn die Bundeswehr hat die Räumung der Kasernen am Stadtrand von Varel, in denen das Altersheim untergebracht ist, für den 30. Juni 1959 gefordert. ***Etwa 550 alte und pflegebedürftige heimatlose Ausländer leben zur Zeit noch in diesem Heim. 50 von ihnen werden künftig in einem Neubau in Varel untergebracht, die übrigen sollen in anderen Orten Niedersachsens eine neue Unterkunft finden****.“*[61]

Juni 1959:
Abschiedsfeier der lettischen Volksgruppe.

„Lettische Volksgruppe nahm Abschied.
Langsam leert sich das Altersheim für heimatlose Ausländer.
Die Ersatzbauten wachsen.

Varel. Die lettische Volksgruppe im Altersheim für heimatvertriebene Ausländer hatte die Feier des Johannistages zum Anlaß genommen, um in Erwartung der baldigen Auflösung des bisherigen Heimes zugleich eine Abschiedsfeier zu veranstalten.
In dem mit heimischen Flaggen, Wappen und anderen Symbolen geschmückten großen Saal des Hauses 4 versammelten sich die Teilnehmer an festlich gedeckten langen Tischen (...).

Der ***Präses des lettischen Komitees, J. Bumanis****, dessen Initiative und Rührigkeit in erster Linie der enge Zusammenschluß der lettischen Volksgruppe, eröffnete die Feier mit der Begrüßung der Gäste und einem Rückblick (...)* ***Bald nach der Gründung des Heimes im Jahre 1950 zählte die lettische Volksgruppe 395 Mitglieder, die sich jetzt bis auf etwa 200 im Jahre 1959 verringert hat. (...).*** *Zwar sei die Auflösung des bisherigen Heimes und die Umsiedlung seiner Bewohner in verschiedene andere neuerrichtete Heime von oben her angeordnet, seine Landsleute aber hätten als feste Ziele die Erhaltung ihres Volkstums, das Gedenken an die verlorene Heimat und die Hoffnung auf eine einstige Befreiung ihres Vaterlandes vor Augen. (...).*
Die folgende Teestunde wurde (...) von weiteren Ansprachen, Gedichtrezitationen und Liedervorträgen des unermüdlichen ***lettischen Chores unter der Leitung von J. Bumanis*** *belebt. Namens der Heimleitung dankte* ***Frau Burchard als Heimfürsorgerin*** *in einer kurzen Ansprache in lettischer Sprache, die sie als Baltendeutsche vollendet beherrscht.*
Ein ***Vertreter der lettischen nationalen Organisation 'Daugavas Vanagi'*** *berichtete über die Arbeit dieser Gruppe innerhalb der Volksgruppe im Heim Varel. (...).*
Im weiteren Verlauf des Abends (...) sprach auch ***H. Pleus als ehemaliger Heimleiter*** *über die Entwicklung des Heimes von den Anfängen an. (...).*
Dr. Kleemann *sprach über die besonders gearteten Aufgaben, die er als Heimarzt zu erfüllen gehabt habe. (...).*
Als Vertreter der Vareler evangelisch-lutherischen Kirchengemeinde gab ***Pastor Maaß*** *(...) gute Wünsche für die Zukunft mit auf den Weg.“*[62]

---

61 Bericht in „Nordwest-Zeitung“, 7. Januar 1959.
62 Bericht in „Nordwest-Zeitung“, 27. Juni 1959.

Juli 1959 bis Februar 1960:
Berichte über Umsiedlungen der Bewohner*innen und Schließung des Heimes.

Kn Varel. Durch die Anforderungen der Bundeswehr hat es sich als erforderlich erwiesen, die Kasernen in Varel wieder für ihren ursprünglichen Verwendungszweck in Anspruch zu nehmen und Vorbereitungen zur anderweitigen Unterbringung der Insassen einzuleiten. Als Ergebnis dieser umfangreichen Planungen wurden an verschiedenen Orten im Bundesgebiet neue Heime er richtet, in die die Bewohner des Altersheims umgesiedelt werden.

Die ersten Transporte haben Varel bereits im Laufe des Frühjahrs verlassen, und zwar zogen am 9. April zwölf römisch-katholische Polen nach Delmenhorst-Hespenriede, denen am 5. Mai 18 weitere folgten, die das Heim in Salzgitter-Gebhardshagen bezogen. Am 18. Juni wurden alle römisch-katholischen Litauer, 26 an der Zahl, nach Vechta verlegt.

Im Laufe des Sommers werden die übrigen Bewohner des Heimes in ihre neuen Unterbringungsorte umgesiedelt werden. Die Letten, die die Mehrzahl der bisher noch in Varel verbliebenen Ausländer ausmachen, werden in die neuerrichteten Heime in Oldenburg, Delmenhorst und in das Altersheim „Simeon und Hanna" in Varel einziehen. Die Esten werden gemeinsam mit einzelnen Letten und Litauern, die durch verwandschaftliche Bande mit ihnen verbunden sind, von dem Heim in Springe am Deister aufgenommen werden. Für die griechisch-katholischen Ukrainer ist ein Heim in Köln als künftiger Wohnsitz bestimmt, die Russen, Ukrainer, Jugoslawen und Rumänen, die der griechisch-orthodoxen Kirche angehören, werden in einem neuen Heim in Darmstadt unterkommen.

*

Das Heim, das in den Vareler Kasernen zunächst auf Veranlassung der Besatzungsmächte gegründet war, um heimatlosen Ausländern aus den osteuropäischen Staaten, die wegen ihres hohen Alters keine Möglichkeit mehr zur Auswanderung hatten, eine Unterkunft zu geben, wurde im Jahre 1950 in deutsche Zuständigkeit übergeführt. Die Betreuung der Bewohner übernahmen das Evangelische Hilfswerk und die katholische Kirche.

In dem „Heim für heimatlose Ausländer" wurden aus verschiedenen Lagern Angehörige der Oststaaten untergebracht, die wegen ihrer politischen Gesinnung nach Kriegsende nicht in ihre Heimatländer zurückkehren konnten oder wollten. Sie wurden nach Möglichkeit nationalitätenweise zusammengefaßt und möglichst geschlossen auf die Häuser verteilt. Es kamen Letten, Esten und Litauer evangelisch-lutherischer Konfession, Polen und Litauer römisch-katholischen Glaubens, griechisch-orthodoxe Russen, Ukrainer, Rumänen und Jugoslawen, griechisch-katholische Ukrainer und vereinzelte Angehörige anderer Nationalitäten zusammen.

Nach dem Fehlschlagen des Aufstandes in Ungarn waren zeitweise auch geflüchtete Ungarn vorübergehend in Varel untergebracht. Zeitweise wohnten über 900 Vertriebene in dem Altersheim.

Durch Fortzug einzelner, in selteneren Fällen auch durch Auswanderung, verringerte sich im Laufe der Zeit die Bewohnerschaft; eine nicht geringe Zahl ist hier verstorben. Für sie wurde auf dem Vareler Friedhof ein ganzes geschlossenes Quartier eingerichtet, wo sie beigesetzt wurden. So hat sich die Anzahl der Heimbewohner auf jetzt etwa 470 verringert.

Abb. 69: „Nordwest-Zeitung", 3. Juli 1959.

*„**Noch 460 Heimatlose umzusiedeln.***
Umzüge in verschiedene Richtungen – Einige Ersatzheime noch im Bau.

Varel. Zur Ergänzung unseres Berichtes über den erwarteten Einzug der Bundeswehr in die Vareler Kasernen (...) haben wir uns über die Fragen der Umsiedlung der noch 460 Seelen zählenden heimatlosen Ausländer aus dem DP-Altersheim informieren lassen. (...).
Fast ohne Ausnahme alte Leute, viele von ihnen gesundheitlich auch nicht ganz auf der Höhe, scheiden mit gemischten Gefühlen aus Varel. (...).

*Nachdem die **Zahl der Insassen inzwischen auf 460 gesunken** ist und der **Block 5 schon völlig leer** steht, reist mit dem nächsten Umsiedlungstransport in aller Kürze eine **Gruppe von Polen katholischen Glaubens nach Miesburg bei Hannover** ab.*

*Gegen Ende des Monats folgt ein weiterer Transport (**Letten**) in einen **Altersheim-Neubau nach Oldenburg**. Eine weitere Letten-Gruppe ist Mitte September für den **Einzug in das neue Vareler Heim** vorgesehen.*

*Im Monat Oktober fährt die **Volksgruppe griechisch-orthodoxer Russen nach Darmstadt**, wo ebenfalls ein Neubau sie erwartet. Hier hat sich das 'Tolstoi-Hilfskomitee' erfolgreich eingeschaltet.*

*Im Oktober folgen ihnen die **Ukrainer**, die in ein neuerbautes **Altersheim nach Köln** ziehen.*

Schwestern ziehen mit

*In **Celle** steht durch einen Ausbau Raum zur Verfügung, der Mitte Oktober die **Belegschaft der Vareler Siechenstation aufnehmen** wird. Die Oberschwester mit weiteren vier Schwestern ziehen mit um und werden die Kranken weiter betreuen.*

*Die noch verbleibenden Angehörigen der Estnischen Volksgruppe sollen im bisherigen DRK-Block zunächst zusammenziehen, um dann nach **Springe im Deister** zu fahren, wo an einem Neubau zur Zeit noch gearbeitet wird. (...).“*[63]

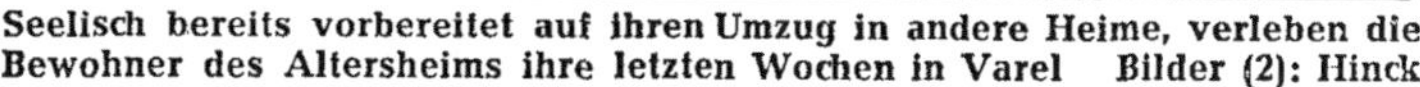

Seelisch bereits vorbereitet auf ihren Umzug in andere Heime, verleben die Bewohner des Altersheims ihre letzten Wochen in Varel Bilder (2): Hinck

Blick auf die Front der Kasernenblocks, die in Kürze Soldaten aufnehmen

Abb. 70 / 71: „Nordwest-Zeitung“, 7. August 1959.

63 Bericht in „Nordwest-Zeitung“, 7. August 1959.

Friesländer „Utkiek"
Wie in der alten Heimat

. drehte sich dieses große Modell einer osteuropäischen Mühle. Ein Bewohner des bisherigen Altersheimes für heimatlose Ausländer am Steinbrückenweg in Varel hatte sie errichtet. Zwei Meter groß ist die Mühle und sie kann sogar Korn mahlen, wie ihre großen Schwestern, wenn der Wind sich dafür zur Verfügung stellt. Der hochbetagte Bastler ist nun umgezogen, ob sein Wunsch in Erfüllung geht, das ihm so vertraute Symbol seiner alten Heimat auch im neuen Wohnort wieder aufbauen zu können?
Bild: Hinck

Abb. 72 / 73: „Nordwest-Zeitung", 24. Oktober 1959.

Das Altersheim für heimatlose Ausländer, Steinbrückenweg 47 wird am 15. 12. 1959 aufgelöst. Forderungen sind bis zum 10. 12. 1959 der Verwaltung vorzulegen. **Die Heimleitung**

Abb. 74: „Nordwest-Zeitung", 7. Dezember 1959.

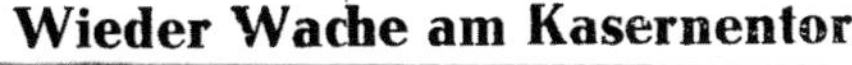

Wieder Wache am Kasernentor

Varel. Das Heim für heimatlose Ausländer, mehr als zehn Jahre lang untergebracht in den ehemaligen Marine-Kasernen am Vareler Waldrand, steht kurz vor der vollständigen Auflösung. Im Block III sind nur noch etwa 60 Esten und Litauer untergebracht, die jetzt nicht mehr vom Evangelischen Hilfswerk, sondern vom DRK betreut werden. Mit ihrem Wegzug rechnet man gegen Ende Mai, wenn nämlich das neue Altersheim in Springe (am Deister) bezugsfertig ist. Das Kasernement untersteht einstweilen der Standortverwaltung Wilhelmshaven. Den Wachdienst stellt eine für diese Aufgaben spezialisierte Wilhelmshavener Firma. Dieser Wachmann öffnet das Tor einem Bundeswehr-LKW Bald findet hier Personal- und Uniformwechsel statt
Bild: Hinck

Abb. 75: „Nordwest-Zeitung", 5. Februar 1960.

III.

Biografische Skizzen von Bewohner*innen

Abb. 76: Grabstein Julijs Bumanis Friedhof Varel, Bild 2022 (Frerichs). Ritter des L.K.O.: Der Lāčplēša-Kriegsorden (Lāčplēša Kara ordenis) wurde von 1920 bis 1940 als höchste militärische Auszeichnung in Lettland verliehen; Bija cina – nu miers: Es gab einen Kampf – jetzt ist Frieden.

III.1. Präses des Lettischen Komitees: Julijs Bumanis

Auffälligste Persönlichkeit in der Gruppe der lettischen Bewohner*innen des Altersheimes war Julijs Bumanis.

Er wurde am 13. November 1886 in Aloja, einem Städtchen im Norden von Lettland, geboren und war evangelisch-lutherisch getauft. Er besuchte die Stadtschule von Aloja, anschließend ergriff er den Beruf des Lehrers. Im August 1910 heiratete er Emilija, geborene Briedis, geboren am 10. Dezember 1886 ebenfalls in Aloja. Das Paar hatte eine Tochter: Daina, geboren am 28. Januar 1919 in Bauni (Lettland).
Julijs Bumanis trat im August 1916 in die Armee des russischen Zarenreiches ein und diente im Reservebataillon der lettischen Schützen. Später absolvierte er eine Militärschule in Moskau.

Nach dem Ende des Zarenreiches wurde er am 29. Mai 1919 in die lettische Armee eingezogen und nahm bis zum Ende des Unabhängigkeitskampfes an zahlreichen Kämpfen teil.

Über den Weg der dreiköpfigen Familie nach Deutschland sind folgende Hinweise bekannt:
In einer Liste von 22 lettischen DPs in der Gemeinde Nordleda (Land Hadeln im Landkreis Cuxhaven), datiert vom 1. August 1945, werden Julijs Bumanis als „Julius Bumanis“ und seine Ehefrau als „Emilie Bumanis“ sowie ihre Tochter Daina aufgeführt (Arolsen Archives).
Für den 17. März 1950 ist ein Transfer der Familie von einem nicht genannten Ort zur „policy review“ (Überprüfung) nach Wentorf und von dort bereits am 21. März 1950 ins Altersheim in Varel dokumentiert (ebd.). Julijs Bumanis war unter der DP-Nr. 177248 und IRO-Nr. 360058 registriert. Laut Angaben in seinen DP-Dokumenten wies Julijs Bumanis gute Sprachkenntnisse in Deutsch und Russisch auf, beherrschte aber kein Englisch.
Er wurde Präses des Lettisches National-Komitees im Vareler Altersheim und leitete dort auch den Lettischen gemischten Chor. Im Heim gründete sich am 13. April 1950 eine Ortsgruppe des 1945 entstandenen nationalistischen lettischen Vereins „Daugavas Vanagi“ (deutsch: „Dünafalken“), die Vareler Ortsgruppe leitete Julijs Bumani. Die Vareler „Düna-Falken“ feierten 1960 im „Simeon und Hanna“ ihr zehnjähriges Bestehen. Die lokale Presse schrieb:
„Diese Organisation setzt sich aus lettischen Freiheitskämpfern beider Weltkriege zusammen (...). Entstanden ist diese Organisation im Jahre 1945 im Kreise lettischer Kriegsgefangener in belgischen, amerikanischen und französischen Kriegsgefangenenlagern (...).“[64]
Tatsächlich handelte es sich um einen Hilfsverband für ehemalige Kriegsteilnehmer und ihre Familienangehörigen. Mitglieder waren insbesondere die ehemaligen Angehörigen der „Lettischen Legion“, die in Uniformen der Waffen-SS auf deutscher Seite gegen die sowjetische Rote Armee kämpften. Die Rolle der „Lettischen Legion“ und ihre mögliche Beteiligung an deutschen Verbrechen im Baltikum gegen Partisanen und vor allem die jüdische Bevölkerung sind unter Historikern bis heute

---

64 Bericht in Nordwest-Zeitung“, 9. Mai 1960.

umstritten. Kritiker stufen die „Düna Falken“ daher gelegentlich in eine Kategorie ein mit der deutschen „Hilfsgemeinschaft auf Gegenseitigkeit“ (HIAG), in der deutsche SS-Angehörige „alte Kameradschaft“ pflegten.
Schon im Mai 1950 konnte die Tochter Daina über Bremerhaven mit dem Schiff in die USA emigrieren. Sie heiratete dort im August 1950 einen ebenfalls emigrierten lettischen Landsmann (Jekabs Bierznike). Die Eltern erhielten keine Visa zur Auswanderung in die USA, ihre Bemühungen scheiterten im Juli 1951 mit der Einstufung als „Hard Core“-Fall. Sie blieben im Altersheim in Varel. Am 3. September 1959 erfolgte der Umzug des Ehepaares in das „Simeon und Hanna“ und im August 1960 feierte Julijs Bumanis mit seiner Ehefrau Emilija dort gemeinsam die Goldene Hochzeit. Julijs Bumanis verstarb in Varel am 11. Juli 1961 im Alter von 74 Jahren. Er wurde am 14. Juli 1961 auf dem evangelischen Friedhof in Varel bestattet, sein Grabstein ist erhalten.

Goldene Hochzeit

Varel. Im evangelisch-lutherischen Altersstift „Simeon und Hanna“ kann am morgigen Sonntag das Ehepaar Bumanis goldene Hochzeit feiern. Julijs Bumanis ist als Präses der lettischen Volksgruppe weiteren Be-

Fernsehen von STOFFERS

völkerungskreisen bekannt geworden. Er ist 74 Jahre alt, seine Ehefrau Emilija ebenfalls. Wir wünschen dem Ehepaar eine schöne Feier in der Hausgemeinschaft des Altersstiftes und alles Gute für den weiteren gemeinsamen Lebensweg!

Abb. 77: „Nordwest-Zeitung“, 27. August 1960.

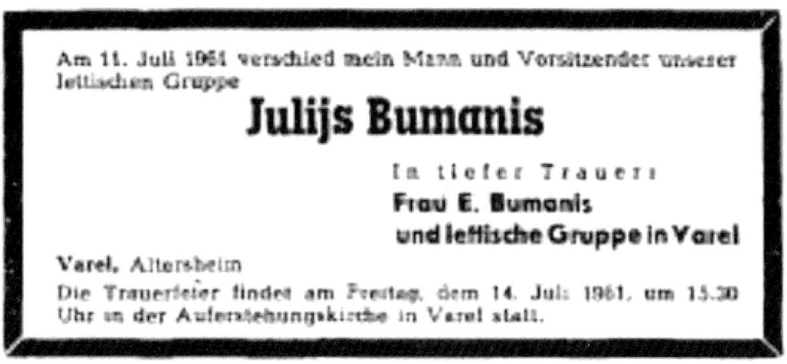

Am 11. Juli 1961 verschied mein Mann und Vorsitzender unserer lettischen Gruppe

Julijs Bumanis

In tiefer Trauer:
Frau E. Bumanis
und lettische Gruppe in Varel

Varel, Altersheim

Die Trauerfeier findet am Freitag, dem 14. Juli 1961, um 15.30 Uhr in der Auferstehungskirche in Varel statt.

Abb. 78: „Nordwest-Zeitung“, 14. Juli 1961.

Abb. 79: Standbild aus 16 mm-Film „Deutschlandspiegel 29/1957“ (Bundespresseamt), Filmothek Bundesarchiv.

Seine Witwe Emilija konnte 1962 ihrer Tochter in die USA folgen, lebte zuletzt in Pomona (Los Angeles, Kalifornien) und verstarb dort am 17. November 1977 im Alter von 90 Jahren. Ihre Lebensdaten finden sich auch auf dem Grabstein ihres Mannes in Varel.
Die Tochter Daina verstarb ebenfalls in Kalifornien am 24. Juni 1995 im Alter von 76 Jahren.

III.2. Familie Augusts, Marija und Rita Silins (Lettland)

Nach Schließung des Altersheimes für heimatlose Ausländer waren einige der lettischen Bewohner*innen in das „Simeon und Hanna“ umgezogen, darunter waren Rita Silins und ihre Eltern. Familienoberhaupt Augusts Silins wurde am 22. Juli 1878, seine Ehefrau Marija Balodis am 23. November 1882 und die einzige Tochter Rita am 30. März 1915 in Lettland geboren. Augusts Silins hatte nach seiner Schulzeit von 1897 bis 1901 ein Lehrerseminar besucht und arbeitete als Lehrer bis zu seiner zwangsweisen Entlassung 1941. Danach musste er als Landwirt den Lebensunterhalt seiner Familie bestreiten. Letzter Wohnort in Lettland war Kalsnava. Anfang Dezember 1944 wurde die Familie nach Deutschland evakuiert.

Viel Glück

wm Varel. Geistig rege feiert Marija Silins (geb. Balodis) am heutigen Donnerstag ihren 90. Geburtstag. Geboren wurde sie in Kalsnavas/Lettland. Vor 28 Jahren siedelte die frühere Deutschlehrerin aus politischen Gründen nach Deutschland über und landete 1950 in Varel. Seit 14 Jahren wohnt die Lettin mit ihrem Mann und ihrer Tochter „zufrieden und gut gelaunt“ im Altersstift „Simeon und Hanna“

Abb. 80 - 83: Augusts, Marija und Rita Silins. Fotos Ende 1940er Jahre. Arolsen Archives. Notiz in „Nordwest-Zeitung“, 23. November 1972.

In Buckow arbeitete Augusts Silins als Waldarbeiter für die dortige Försterei. Ab Juni 1947 lebte die Familie im DP-Lager Geesthacht, dort konnte Augusts Silins im Auftrag der Lagerverwaltung wieder als Lehrer tätig werden. 1950 kamen Augusts, Marija und Rita Silins in das Altersheim in Varel. Die Familie gab an, in die USA emigrieren zu wollen oder aber in ein Altersheim in den Niederlanden transferiert zu werden. Beide Wünsche ließen sich nicht realisieren. Tochter Rita war wegen einer Poliomyelitis stark beeinträchtigt und konnte trotz jungen Alters keine Berufstätigkeit ausüben. Augusts Silins starb im September 1973 im Alter von 95 Jahren, seine Ehefrau im Dezember 1981 im Alter von 99 Jahren. Rita folgte ihnen im Januar 1997 im Alter von 81 Jahren.

Fürchte dich nicht,
denn ich habe dich erlöst;
ich habe dich bei deinem Namen
gerufen, du bist mein.
Jes. 43,1

Rita Silins

geb. 30. 3. 1915 in Lettland **gest. 21. 1. 1997 in Varel**

Im Namen aller Angehörigen
in Lettland,
Freunde und Bekannte in USA,
Australien, Kanada, England
und Deutschland:

Ilse Igelström

26316 Varel, Oldenburger Straße 61

Die Trauerandacht findet am Montag, dem 27. Januar 1997 um 11 Uhr in der Auferstehungskirche zu Varel statt; anschließend Beisetzung.

Abb. 84: Todesanzeige Rita Silins in „Nordwest-Zeitung“, 24. Januar 1997.

Klaus Taddey schrieb:

„Als Frau Rita Silins (...) starb, ***war sie die letzte Bewohnerin des Altersheimes aus dem Baltikum****.*
Zu ihrer Beisetzung waren viele ihrer Angehörigen, Freunde und Bekannte erschienen, auch aus dem näheren Ausland und sogar aus den USA; die Mitarbeiter des Altersheimes waren tief beeindruckt von dieser Anteilnahme, und sie fanden hier die Bestätigung für das Zusammengehörigkeitsgefühl dieser Menschen, (...).“[65]
Der Grabstein für die Familie Silins ist erhalten.

65 Klaus Taddey: Geschichte der Friedhöfe in Varel. Vareler Heimathefte Nr. 15, Varel 2004, S. 123.

III.3. Offizier der „Lettischen Legion“ (Waffen-SS): Kārlis Ziverts (Lettland)

Abb. 85: Kārlis Ziverts als Offizier in der lettischen Armee. Sammlung Frerichs.

Kārlis Ziverts wurde am 4. August 1888 im südlettischen Tervete (deutsch: Hofzumberg) geboren und protestantisch getauft. Von Juli 1914 bis zu seiner Entlassung im Februar 1918 diente er in verschiedenen Einheiten der Armee des zaristischen Russland.

Er schloss sich dann der sogenannten „Weißen Armee“ an, die im russischen Bürgerkrieg gegen die Bolschewisten kämpfte. Zuletzt war er dort ab Mai 1919 bis zum Januar 1920 Kommandeur eines Gewehr-Artillerie-Bataillons in Sibirien.

Am 18. Januar 1920 trat er in die lettische Armee ein, wo er 1922 bis 1934 in der Intendantur beim Kriegsministerium und Generalstab eingesetzt war und 1934 zum Leiter des Militärwirtschaftslagers Liepaja ernannt wurde.
Im August 1938 erfolgte auf eigenen Wunsch die Pensionierung.

1922 hatte er geheiratet, nähere Angaben zu seiner Ehefrau Margarieta Emilja Brigadere und zu Kindern aus dieser Ehe sind nicht bekannt.

1940 annektierte die Sowjetunion das Baltikum. Im Juni 1941 begann der Vernichtungskrieg Hitlerdeutschlands gegen die Sowjetunion.
Nach der deutschen Besetzung Lettlands schloss sich Kārlis Ziverts der sogenannten „Lettischen Legion“ an.
In der „Lettischen Legion“ waren die Soldaten aus Lettland vereint, die in den Uniformen der Waffen-SS auf Seiten der Wehrmacht gegen die Sowjetunion kämpften. Anfangs handelte es sich nur um Freiwillige, die sich als Kämpfer gegen die Sowjetmacht und für die Unabhängigkeit ihrer Heimat verstanden; später fand eine allgemeine Mobilmachung statt.
Die „Lettische Legion“ bestand aus zwei Divisionen, in denen bis Juli 1944 ca. 30.000 Soldaten an der Ostfront auf deutscher Seite mitkämpften. Im Sommer 1944 wurden noch einmal über 11.000 Personen einberufen.
Die Rolle der „Lettischen Legion“ ist bis heute umstritten:
Für manche gelten sie als Verbündete der Nazis, die nicht selten in die Verbrechen der Nazis im Baltikum und insbesondere am Massenmord an den baltischen Juden verwickelt waren. Andere Historiker sehen sie als Nationalisten, denen es in erster Linie um die Unterstützung des Krieges gegen die Sowjetunion ging.
Kārlis Ziverts bekleidete in der Lettischen Legion den Offiziers-Dienstrang eines Obersturmbannführers. Von April 1943 bis Februar 1944 war er Kommandant des II. Lettischen SS-Baubataillons, anschließend bis August 1944 Intendant des Lettischen SS-Legionskrankenhauses und zuletzt bis 1945 Leiter der Sanitätshäuser in der Generalinspektion der SS-Legion.

Wann genau Karlis Ziverts im Spätsommer/Herbst 1944 gemeinsam mit den Truppen der deutschen Wehrmacht vor der sich nähernden sowjetischen Armee nach Westen flüchtete und wo er sich dann aufhielt, ist nicht überliefert. Er kam ohne Familienangehörige.
Nach Kriegsende war ein Großteil der Soldaten der Lettischen Legion zunächst als Kriegsgefangene in Lagern der Westalliierten in Deutschland und in Belgien interniert.
Ob dies zeitweise auch bei Karlis Ziverts der Fall war, ist nicht bekannt.

Kārlis Ziverts wurde von den alliierten Siegermächten als „Displaced Person“ registriert, zunächst in das Fürsorgeprogramm der Internationalen Flüchtlingsorganisation aufgenommen (DP-Nummer: 076774, IRO-Nummer: 410312) und galt dann ab 1951 in der Bundesrepublik Deutschland als „Heimatloser Ausländer“. Vor seiner Verlegung in das Altersheim in Varel am 13. März 1950 sind ab 1948 noch Stationen in den DP-Camps Rheine, Munster und Greven belegt.

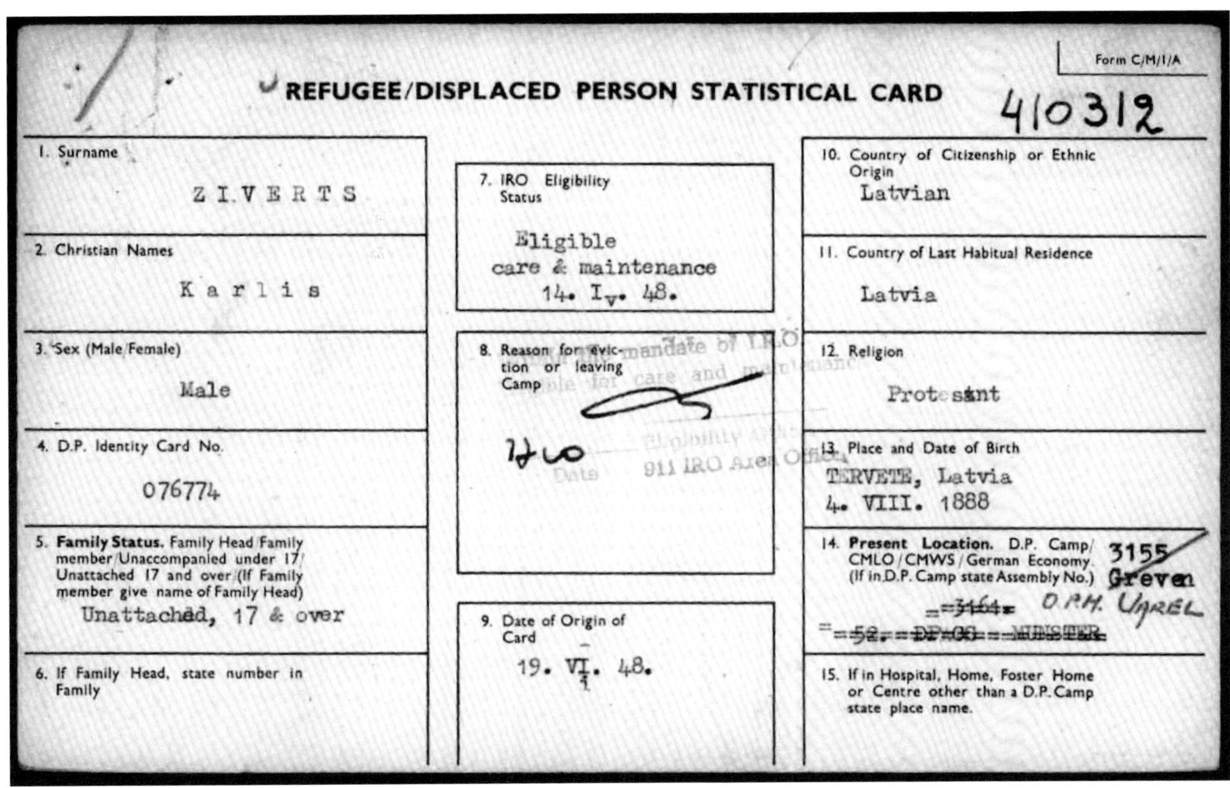

Form C/M/1/A

REFUGEE/DISPLACED PERSON STATISTICAL CARD 410312

1. Surname: Z I V E R T S
2. Christian Names: K a r l i s
3. Sex (Male/Female): Male
4. D.P. Identity Card No.: 076774
5. Family Status. Family Head/Family member/Unaccompanied under 17/Unattached 17 and over (If Family member give name of Family Head): Unattached, 17 & over
6. If Family Head, state number in Family:
7. IRO Eligibility Status: Eligible care & maintenance 14. IV. 48.
8. Reason for eviction or leaving Camp: IRO
9. Date of Origin of Card: 19. VI. 48.
10. Country of Citizenship or Ethnic Origin: Latvian
11. Country of Last Habitual Residence: Latvia
12. Religion: Protestant
13. Place and Date of Birth: TERVETE, Latvia 4. VIII. 1888
14. Present Location. D.P. Camp/CMLO/CMWS/German Economy. (If in D.P. Camp state Assembly No.): 3155 Greven ~~3164~~ O.A.H. Varel ~~52 DP-CC MUNSTER~~
15. If in Hospital, Home, Foster Home or Centre other than a D.P. Camp state place name.

IRO (BZ) FORM 102

CM/1 No. 410312 DPACS 81

FAMILY NAME Ziverts CITIZENSHIP Latv. OCCUPATION

	Family members	Religion	Date of Birth	DP. Id. No.	Address
1.	Karlis	Prot.	4.8.88	076774	Varel
2.					
3.					
4.					
5.					
6.					
7.					
8.					
9.					
10.					

Eligibility Status: CLM.

Transfers: 13.3.50 from 22/23 DPACS Rheine

PSS(HO)R7523/3M/2-50

Abb. 86 / 87: DP/IRO-Karteikarten Kārlis Ziverts. Arolsen Archives.

und der alte Oberst aus Riga

Abb. 88: Foto und Bildunterschrift aus „Nordwest-Zeitung", 24. Dezember 1953.

1953: Der „alte Oberst aus Riga" in Varel

Bei den Bürgern der Stadt Varel wurde Kārlis Ziverts als „alter Oberst von Riga" bekannt. Die „Nordwest-Zeitung" erwähnte ihn am 24. Dezember 1953 in einem Bericht über die Bewohner*innen des Altenheimes.

Die wohl nicht zutreffende Beschreibung, es handele sich um den „ehemaligen Stadtkommandant aus Riga", dürfte der Redakteur vermutlich nach einer persönlichen Auskunft durch Ziverts übernommen haben:
„Wenn man den ehemaligen Stadtkommandanten von Riga, einen hochgewachsenen alten Herrn mit schlohweißem Schnauz- und Kinnbart durch Varel spazieren sieht, dann wissen die meisten Einwohner schon:
'Aha – das ist der alte Oberst aus Riga!'"

1960/1965: Rechtsstreit um „Pensionsansprüche"

Kārlis Ziverts hatte zunächst vergeblich versucht, wegen seiner Teilnahme am Zweiten Weltkrieg auf Seiten der Wehrmacht eine Versorgungsleistung seitens der Bundesrepublik Deutschland zu erhalten. Das zuständige Landesversorgungsamt Niedersachsen hatte dies abgelehnt.
Nach seiner Verwaltungsklage entschied ein Gericht Mitte der 1960er Jahre zu seinen Gunsten und es erfolgte eine „Nachversicherung" seiner Dienstzeiten als aktiver Offizier.
Grundlage war das im Rahmen des umstrittenen Artikel 131 des Grundgesetzes im Jahre 1960 verabschiedete Fremdrenten- und Auslandsrenten-Neuregelungsgesetz (Nachversicherung von Angehörigen des Auslandsdienstes und der Wehrmacht).[66]

Kārlis Ziverts starb am 11. Juni 1970 im Alter von 81 Jahren und wurde auf dem evangelisch-lutherischen Friedhof in Varel bestattet. Sein Grabstein ist nicht erhalten.

---

66 Akte: im Niedersächsischen Landesarchiv Oldenburg, REP 970, Best. 150, Nr. 682.

Abb. 89: Marta und Pavils Gruzna. Bild 1949 Lübeck. Sammlung Frerichs.

III.4. Ehepaar Pavils und Marta Gruzna (Lettland)

Pavils Gruzna wurde am 28. Februar 1878 auf einem Landgut in der Nähe von Cēsis (Lettland) geboren.
Nach seinem Schulbesuch studierte er von 1893 bis 1898 am Orthodoxen Theologischen Seminar in Riga, musste diese Einrichtung aber schließlich als bekennender Freidenker ohne Abschluss verlassen.
1898 bis 1915 arbeitete er als Angestellter bei der Zweigstelle Riga der Bank von Russland, wurde im Ersten Weltkrieg mit dem Bankpersonal nach Tula (Russland) evakuiert und lebte dort von 1915 bis 1920. Er kehrte ins dann unabhängige Lettland zurück und arbeitete 1920 bis 1938 bei der Bank von Lettland, 1939 bei der Industrie- und Handelskammer in Riga und 1940 bis 1944 in einer Abteilung für Kultur und öffentliche Angelegenheiten.
1944 verließ er seine Heimat und wurde vor der vorrückenden Roten Armee nach Westen evakuiert. Über Lager in Mürwick bei Flensburg, Lübeck und Geesthacht gelangte er 1950 zusammen mit seiner zweiten Ehefrau Marta Bramberga in das Altersheim in Varel.
Er starb dort am 12. Dezember 1950 und wurde auf dem Evangelisch-Lutherischen Friedhof Varel neben seiner Ehefrau bestattet, der Grabstein ist erhalten.
Pavils Gruzna entwickelte auf kulturellem Gebiet vielseitige Talente:
Er betätigte sich als Schriftsteller, Schauspieler, Chorsänger, Dirigent und Musikkritiker.
1905 veröffentlichte er seine erste Kurzgeschichte, es folgten weitere Kurzgeschichten sowie mehrere Romane, Novellen, Dramen sowie etwa 30 Theaterstücke.
1902 bis 1911 war er Schauspieler und Solist an mehreren Theatern in Riga.
Nach einem privaten Gesangsstudium gehörte er verschiedenen Chören an. Für die lettische Nationaloper übersetzte er eine Reihe von Opern und Operetten ins Lettische.
Er hat als Musikkritiker für viele Zeitschriften gearbeitet.

Pavils Gruzna war in erster Ehe mit der Schauspielerin Nadja Gruzna (1880-1947) verheiratet, aus dieser Ehe stammte die Tochter Nina (geb. 1908).
Im DP-Lager in Mürwick bei Flensburg lernte er **Marta Bramberga (Barmbergs)** kennen und heiratete diese 1947. Seine zweite Ehefrau (in verschiedenen Quellen auch: Marta Degainis) wurde am 9. April 1885 in Bērzmuižas (Lettland) geboren.
Nach dem Gymnasium in Riga erhielt sie ihre Lehrerlizenz und legte in St. Petersburg die Prüfung zur Lehrerin für Naturwissenschaften ab. Während des Ersten Weltkriegs kam sie als Flüchtling nach Russland.
Sie arbeitete in Sibirien als Schulverwalterin, ebenso nach der Rückkehr in ihre Heimat im lettischen Vecpils.
Nach der Emigration in den Westen gelangte sie über verschiedene Stationen schließlich mit ihrem Mann 1950 nach Varel.
Auch Marta Gruzna war neben ihrem Beruf als Lehrerin als Schriftstellerin tätig. Sie schrieb Kindergeschichten und Märchen, Theaterstücke und Theaterkritiken.
Während ihres Exils veröffentlichte sie ihre Werke in lettischen Zeitungen in Deutschland.
Sie starb in Varel am 12. August 1950.

III.5. Ede Blaus (Lettland)

Im Schicksal von Ede Blaus und ihrer Familie spiegeln sich tragische Abschnitte der lettischen Geschichte. Das lettische Museum für Geschichte und Kunst in Ogre bewahrt einige Materialien über die Familie Blaus auf.
Ede Blaus wurde unter dem Mädchennamen Rauda am 23. Juli 1859 in der lettischen Provinz Vidzene (Livland) geboren. Damals war Lettland noch ein Teil des russischen Zarenreiches.
Nach ihrer Heirat bekam sie neben Töchtern auch fünf Söhne:
Jānis (geb. 1880), Alfreds (geb. 1882), Roberts (geb. 1884), Eduards (geb. 1887) und Leopolds (geb. 1901). Ihr Mann verstarb früh.
Im November 1918 erklärte sich Lettland erstmals zum unabhängigen Staat und konnte dies im folgenden lettischen Unabhängigkeitskrieg gegen die Sowjetunion durchsetzen. Ede Blaus engagierte sich 1919 im Krankenhaus des lettischen Roten Kreuzes in Valka. Vier ihrer Söhne gingen in die lettische Geschichtsschreibung ein, als sie sich am 16. Februar 1919 in ihrem Haus gegen eine Übermacht sowjetischer Milizionäre erfolgreich wehrten und in die Wälder fliehen konnten. Die Söhne dienten auch als Freiwillige in den lettischen Streitkräften.

Janis, Roberts, Eduards und Leopolds erhielten den Lāčplēša-Orden, die höchste militärische Auszeichnung in Lettland. Auch ihre Mutter wurde vom lettischen Staat mit einem Orden geehrt.

Abb. 90: Ede Blaus mit ihren Söhnen Janis, Roberts, Leopolds und Eduards (v. li.) nach der Ordensverleihung 1928.
Sammlung Holger Frerichs, Varel.

Im November 1937 starb der Sohn Eduards. 1940 besetzten sowjetische Truppen das Baltikum und Lettland wurde unter Stalins Herrschaft eine Sowjetrepublik.
Im Juni 1941 überfiel die deutsche Wehrmacht die Sowjetunion.
Kurz vor dem Rückzug der Roten Armee aus dem Baltikum ermordete die sowjetische Geheimpolizei GPU am 22. Juni 1941 ihre Söhne Janis und Eduards im Hof des Zentralgefängnisses in Riga. Ihr Sohn Leopolds wurde von den Sowjets verhaftet, verschleppt und starb 1943 in einem sowjetischen Straflager.
Gegen Ende des Zweiten Weltkrieges, als die Rote Armee auf dem Vormarsch Richtung Baltikum war, flohen Ede und ihr nun einziger noch lebender Sohn Alfreds mit der deutschen Wehrmacht nach Westen. Nach dem Ende des NS-Regimes registrierten sie die Alliierten als „Displaced Persons“ (DPs) und sie bekamen Unterstützung durch die Internationale Flüchtlingsorganisation.
Edes Sohn Alfreds starb 1950 in einem DP-Lager in Lübeck und ist auf einem Lübecker Friedhof bestattet.
Ede Blaus kam 1950 in das Altersheim für heimatlose Ausländer am Steinrückenweg in Varel.
Sie hatte nun alle ihre Söhne überlebt und starb in Varel am 24. November 1951 im Alter von 92 Jahren.
1952 wurde mit Spenden von Landsleuten auf ihrem Grab auf dem Friedhof an der Oldenburger Straße eine kleine Gedenkstätte eingerichtet, von der noch ein Foto aus dem Jahr 1971 überliefert ist. Auf dem Grabstein findet sich neben den Lebensdaten eine lettische Inschrift: „4 delu Lāčplē / su mate“. Sinngemäß kann man dies als „Mutter der vier vom Lacplesa-Orden“ übersetzen.

IV.

Ein Pilotprojekt der Beschäftigungstherapie in Varel

- 9. Aug. 1955

WORLD COUNCIL OF CHURCHES
Service to Refugees
Stuttgart-Ost
Gerokstr.17

12. Aug. 1955

The following report by Mrs. Johns has been received:

"Now that almost half the time allotted for the experiment in Occupational Therapy at Varel Altersheim has been reached and a break of a fortnight has been made in the work, I feel that this is a fitting opportunity to review the past five months' achievements and to give some indication of what is expected and hoped for in the remaining time, until 31st December, 1955.

I was fortunate to be introduced to the task at Varel on arrival at the end of January by Miss M.S.Gofton, then representative for the World Council of Churches, and Frau Gerda Burchard, Social Worker in the Home, and had the position from the social angle explained to me by them.

I was made welcome on behalf of Evangelisches Hilfswerk by Kirchenrat Ruehe at Oldenburg who emphasised the fact that I was the first qualified Occupational Therapist to be appointed [illegible] Old People's Home in Western Germany and also the first Occupational Therapist to be appointed to such work with Displaced Persons, and that because of this, the result of the experiment would be watched with interest.

Before commencing my duties on 1st February, Herr Pleuss the Homeleader and Dr. Cleemann, the resident Home Doctor, discussed with Miss Gofton and myself the more domestic details of the work, and the likelihood of a room being set aside for my treatment of the patients. During my first week I was also able to make a medical round of all patients in the Krankenstation with Dr. Cleemann.

This was of paramount importance to my work and to the planning of it. After consulting together, Dr. Cleemann and I also produced a prescription card to convey necessary information about each individual patient from the medical side as well as giving details of the social history (or as much as was known) of each person.

Having no workroom at first, I busied myself with learning as much as I could about the various potential patients, - their names, their nationalities and language, their religions, their diseases, their handicaps, their capacity for work. Those who were not housed in the Krankenstation, I visited in their homes, and learned theirhouse and room numbers. After two weeks or so, I decided to reopen

Bericht der britischen Beschäftigungstherapeutin J.A.W. Johns 1955

Bis etwa Mitte der 1960er Jahre war eine medizinisch und therapeutisch begründete Aktivierung der Ressourcen alter Menschen in Deutschland eine absolute Ausnahme. Es galt noch das Dogma des „ruhebedürftigen Alten", der bestenfalls durch leichte Hilfstätigkeiten im Heimalltag beschäftigt werden sollte.
Vor allem die angelsächsischen, angloamerikanischen und skandinavischen Ländern spielten bereits seit Mitte der 1950er Jahre eine Vorreiterrolle, um dieses alte Prinzip durch abwechslungsreiche Tätigkeiten zu ersetzen und damit eine gezielte und körperliche und geistige Aktivierung zu ermöglichen.
Im Altersheim für heimatlose Ausländer in Varel, das in vielfältiger Form auch von internationalen Hilfsorganisationen aus diesen Ländern unterstützt wurde, konnte 1955 eine qualifizierte Beschäftigungstherapeutin (J.A.W. Johns) angestellt werden. Sie war nach eigenen Angaben die erste Therapeutin dieser Art, die überhaupt für ein westdeutsches Altenheim eingesetzt wurde.[67]
Ihr ausführlicher Bericht ist in den Akten überliefert und wird hier in einer deutschen Übersetzung dokumentiert.[68]

Abb. 91 / 92: Links: Bildunterschrift: *„Miss J.A.W. Johns 1956"*.
Rechts: *„Abschiedsfeier v. Miss Johns 1956"*. Fotoalbum Altersheim, Archiv Heimatverein Varel.

„9. Aug. 1955
ÖKUMENISCHER RAT DER KIRCHEN [WCC = World Council of Churches]
Flüchtlingshilfe, Stuttgart-Ost, Gerokstr. 17

Der folgende Bericht von Frau Johns ist eingegangen:
Nun, da fast die Hälfte der Zeit, die für das Experiment in der Beschäftigungstherapie in Varel Altersheim vorgesehen ist, erreicht ist und eine vierzehntägige Unterbrechung der Arbeit stattgefunden hat.

67 Vgl. auch die Hinweise bei Grabe, Nina, a.a.O., S. 12 und 152f.
68 Quelle des englischen Originals: Landeskirchliches Archiv Hannover, E 52, Nr. 367.
Übersetzung: Holger Frerichs, Varel.

Ich halte dies für eine passende Gelegenheit, die Ergebnisse der letzten fünf Monate zu überprüfen und einige Hinweise darauf zu geben, was in der verbleibenden Zeit bis zum 31. Dezember 1955 erwartet und erhofft wird.

Ich hatte das Glück, bei meiner Ankunft Ende Januar [1955] *von Frau M.S. Gofton, der damaligen Vertreterin des Ökumenischen Rates der Kirchen, und Frau Gerda Burchard, der Sozialarbeiterin im Heim, in die Aufgabe in Varel eingeführt zu werden und mir von ihnen die Lage aus sozialer Sicht erklären zu lassen.*

Kirchenrat Ruehe in Oldenburg hieß mich im Namen des Evangelischen Hilfswerks willkommen und betonte, ***dass ich die erste qualifizierte Ergotherapeutin sei, die von der deutschen Verwaltung in einem Altenheim in Westdeutschland eingesetzt wurde, und auch die erste Ergotherapeutin, die für eine solche Arbeit mit Vertriebenen eingesetzt wurde, und dass man deshalb das Ergebnis des Experiments mit Interesse beobachten werde.***

Bevor ich am 1. Februar meinen Dienst antrat, besprachen Herr Pleuss, der Heimleiter, und Dr. Cleemann, der ansässige Heimarzt, mit Fräulein Gofton und mir die eher hauswirtschaftlichen Einzelheiten der Arbeit und die Wahrscheinlichkeit, dass ein Zimmer für meine Behandlung der Patienten zur Verfügung gestellt werden würde. In meiner ersten Woche konnte ich mit Dr. Cleemann auch eine ärztliche Visite bei allen Patienten der Krankenstation durchführen.

Dies war für meine Arbeit und deren Planung von größter Bedeutung. Nach gemeinsamer Beratung erstellten Dr. Cleemann und ich auch eine Verordnungskarte, die sowohl die notwendigen Informationen über jeden einzelnen Patienten von der medizinischen Seite her als auch die soziale Vorgeschichte (soweit bekannt) jeder Person enthielt.

Da ich anfangs keinen Arbeitsraum hatte, war ich damit beschäftigt, so viel wie möglich über die verschiedenen Patienten zu erfahren - ihre Namen, ihre Nationalitäten und Sprachen, ihre Religionen, ihre Krankheiten, ihre Behinderungen, ihre Arbeitsfähigkeit. Diejenigen, die nicht in der Krankenstation untergebracht waren, besuchte ich zu Hause und erfuhr ihre Haus- und Zimmernummern. Nach etwa zwei Wochen beschloss ich, die Kellerwerkstatt unter Haus III wieder zu öffnen, obwohl nur die härtesten Männer durch den Schnee zur Arbeit kommen konnten.

Diese Zeit war jedoch von großem Wert - in ihr habe ich einen Kern von 4 oder 5 standhaften Männern zusammengebracht, die von unschätzbarem Wert waren, als die Zeit kam, den Werkraum zu öffnen, und die viel dazu beitrugen, mit mir Materialien usw. für diese Zeit vorzubereiten.

Am 2. März [1955] *war ein Arbeitsraum im Erdgeschoss der Krankenstation betriebsbereit, und eine kleine Anzahl speziell 'ärztlich beschriebener' Patienten nahm die Arbeit auf. Die Zahl wurde aus zwei Gründen bewusst klein gehalten:*
Erstens, um zu unterstreichen, dass es sich bei dem Arbeitsraum nicht um den Beginn einer Industrie oder 'Zwangsarbeit' handelte, sondern um die Behandlung von Kranken und Behinderten, und zweitens, weil es an Material und Ausrüstung mangelte.

Zu dieser Zeit waren Stricknadeln und Wollreste die einzigen Rohstoffe, die im Überfluss vorhanden waren, und 3 kleine Webstühle und eine Nähmaschine die einzige Ausrüstung.

Mit den 150 DM, die mir für die Einrichtung des Werkraumes zur Verfügung standen, wurden so notwendige Dinge wie Scheren gekauft, aber auch Material wie Schilfrohr, Bast und Schnur, um die im Keller begonnenen Handarbeiten für die Männer fortzusetzen.

In dieser Zeit wurden vor allem orthopädische Webstühle benötigt, um den Patienten mit gelähmten Händen zu zeigen, dass auch sie 'etwas tun' konnten, aber es dauerte viele Monate, bis genug Geld für den Kauf des ersten Webstuhls vorhanden war.
An dieser Stelle muss ich dankbar die Spende von Frl. Radix, Ökumenischer Rat der Kirchen, München, in Höhe von 100,- DM anerkennen, die zur Beschaffung des ersten 4-schäftigen Webstuhls beigetragen hat, und dem Ehefrauenkomitee der R.A.F. Jever, das nicht nur genügend Wolle versprochen hat, um diesen großen Webstuhl zu betreiben, sondern auch einen kleinen orthopädischen Webstuhl gekauft hat.
Durch die Vermittlung von Miss Gofton, die in South Shields einen Vortrag hielt, schickte Inner Wheel in dieser Stadt einen weiteren großen 4-schäftigen Webstuhl und Rev. John Smith einen zweiten kleinen orthopädischen Webstuhl.
Im Juni [1955] *wurde eine Spende von 20 Pfund für die Ausstattung des Arbeitsraums vom D.P. Committee in England dankbar angenommen.*

Abb. 93: Bildunterschrift: „*Im Werkraum*". Fotoalbum Altersheim, Archiv Heimatverein Varel.

An dieser Stelle ist es vielleicht angebracht, einige der Patienten kurz zu skizzieren, die (hoffentlich) von der Einrichtung einer solchen Abteilung für Beschäftigungstherapie und der Bereitstellung dieser speziellen Ausrüstung profitieren werden.
Zum Beispiel:

M.L., ein russischer Mann von über 60 Jahren, einst intelligent und genau, der seit zwei Schlaganfällen den Gebrauch des rechten Arms, des rechten Beins und des Mundes verloren hat.
Ein Teil der Gliedmaßen ist jetzt wiederhergestellt, aber die Sprachfähigkeit ist immer noch verloren. Außerdem leidet er unter Gedächtnisstörungen und Denkblockaden.

Das Wissen, dass seine Behinderung ihn daran hinderte, seine frühere Genauigkeit und erstklassige Arbeit zu leisten, deprimierte ihn, und seine Unfähigkeit, sich mit anderen Patienten zu unterhalten, die (wie geduldig auch immer) nach ein paar Einsilbern aufgaben, sich mit ihm zu verständigen, verstärkte nur noch seine Einsamkeit und Verzweiflung. Er nahm ein paar Mal (als er sich noch an den Weg erinnern konnte) an der Kellerwerkstatt teil, schloss sich aber fest an den neuen Arbeitsraum an, als dieser eröffnet wurde, und übernahm (selbst ernannt) alle Aufgaben wie das Verteilen und Einsammeln von Werkzeugen, das Öffnen und Schließen von Fenstern, das Holen von Rollstühlen für andere Patienten am Ende einer Sitzung und andere hilfreiche Aufgaben. Bei seiner Arbeit hat er 'alles ausprobiert' und sich den liebevollen Namen 'Meister' verdient, den ihm die anderen (mit Respekt) gegeben haben. Seine Arbeit ist immer auf hohem Niveau, obwohl sein Gedächtnis oft versagt und er oft um Hilfe bitten muss. Er wird ermutigt, so viele Wörter wie möglich auszusprechen und sich mit anderen Russen zu unterhalten, egal wie lange es dauert.

P.H.: Als ich ihn das erste Mal sah, verkroch er sich in seinem Zimmer, weit weg von den Menschen, eher wie ein verängstigtes Tier. Er war mehrere Male in einer psychiatrischen Klinik gewesen, achtete nicht auf sein Äußeres, war asozial und extrem depressiv. Er ging nicht gerne in den Arbeitsraum, und es war ziemlich schwierig, ihn für die Arbeit zu interessieren. Zuerst schaute er nur herein, wenn der Raum leer war, dann holte er sich Material und nahm es mit in sein Zimmer, um dort zu arbeiten; aber seit zwei Monaten kam er regelmäßig zweimal am Tag und unterhält sich nun lange und angeregt mit anderen Patienten. Seine Arbeit ist überraschenderweise von hohem Niveau, insbesondere das Weben, das er nach der Korbflechterei erlernt hat. Es war ein Risiko, das sich 'gelohnt' hat, diesem Landstreicher einen nagelneuen Webstuhl aus der Verpackung zu geben, und (auf seinen besonderen Wunsch hin) weiße Wolle, um darauf zu weben! Das Ergebnis - ein Schal mit bunten Karos - war tadellos, aber noch wichtiger war die psychologische Wirkung auf P.H. selbst.

Frau E.S., eine Lettin, ist chronische Rheumatikerin und Asthmatikerin, und obwohl ihre Hände furchtbar deformiert sind und sie große Schmerzen hat, gelingt es ihr, wunderschöne Stickereien nach traditionellen lettischen Mustern zu machen. Sie ist geduldig und langmütig und eine Inspiration für alle, denen es nicht so gut geht wie ihr.

Frau O.S., ebenfalls Lettin, ist das genaue Gegenteil von E.S. Sie leidet an Bluthochdruck und ist fettleibig, ist aber aggressiv, murrt viel und stöhnt bei jedem kleinen Schmerz. Sie kam erst spät in den Arbeitsraum, als die Gruppe bereits etabliert war, und es war interessant zu sehen, wie sehr die Gruppe sie aufweicht. Sie erzählt jetzt Witze und trägt zu einer Menge Spaß in der Abteilung bei und wird ein viel umgänglicherer Mensch.

Fräulein O.T. wurde als egozentrisch und nur daran interessiert beschrieben, für Geld zu arbeiten. Sie ist jedoch gelegentlich in die Gruppe gekommen und hat als Gegenleistung für die Nutzung der Nähmaschine anderen Patienten bereitwillig Ratschläge und Hilfe zu ihrem speziellen Thema, dem Nähen, gegeben, ohne dass eine Gegenleistung in Aussicht gestellt wurde.

Fräulein R.S., eine Lettin, 40 Jahre alt, leidet seit ihrem fünften Lebensjahr an gelähmten Beinen als Folge einer Poliomyelitis und lebt im Heim mit ihren betagten Eltern.
Da sie besitzergreifend sind, haben sie ihr nie erlaubt, selbständig zu werden, obwohl sie ein Mädchen mit außergewöhnlichen Talenten ist und man hofft, dass sie eines Tages selbst eine Ausbildung als Ergotherapeutin machen kann. Die Behandlung dieses Mädchens musste psychologisch und positiv sein, um ihr das nötige Selbstvertrauen zu geben, um eine unabhängige Person zu werden, die sich auf ihre eigene Persönlichkeit stützt, und um ihr den nötigen Antrieb zu geben, zu dienen. Sie hat ausgezeichnete Fortschritte gemacht, und es besteht die Hoffnung, dass dies auch so bleibt.

K.A., ein junger Pole mit Multipler Sklerose.
Die Krankheit hat bisher nur die Beine und möglicherweise eine Hand befallen, aber dieser Mann wurde mir als dumm, faul und frech beschrieben. Nachdem ich ein gutes Verhältnis zu diesem Patienten aufgebaut hatte, begann ich mit dem graduierten Weben. Zunächst zeigte er keine Initiative und schien nicht in der Lage zu sein, die abwechselnden Streifen und Farben zu zählen. Drei verschiedene Webarbeiten, die alle eine zunehmende Sorgfalt und Überlegung erforderten, zeigten jedoch, dass dieser Mann wahrscheinlich jahrelang nie selbst denken musste, und am Ende seiner Webarbeiten (die sich wie ein medizinischer Bericht lasen!) benutzte er seine eigenen Ideen für Muster und Farben.

Abb. 94: Bildunterschrift: „*Iwankin bei der Arbeit*". Fotoalbum Altersheim, Archiv Heimatverein Varel.

Natürlich gab es auch Misserfolge:

J.S., der wie M.L. sprachlos war, viele Wochen lang zweimal täglich kam und sich für die Arbeit zu interessieren schien und sich in die Gruppe integriert hatte, wandte sich dann - vielleicht durch einen Scherz oder eine Anspielung einer außenstehenden Person - ohne ersichtlichen Grund heftig gegen den Arbeitsraum und alles, was damit zu tun hatte.

Auch Frau L., die anfangs so gut auf meine Besuche reagierte und jetzt plötzlich und ohne Grund aggressiv negativ geworden ist.

Es ist zu hoffen, dass sie wieder auf die Behandlung ansprechen, wenn die Arbeit nach der Pause wieder aufgenommen wird.

Zusätzlich zu den handwerklichen Arbeiten in der Abteilung habe ich mehrere Schallplattenkonzerte auf dem Radiogerät veranstaltet, das dem Heim freundlicherweise von World Council of Churches zur Verfügung gestellt wurde.
Ein weiteres Merkmal des Arbeitsraums ist das Interesse an den Familien, die die verschiedenen Patienten aufgenommen haben. Das begann damit, dass ich als einzige Engländerin im Heim. Briefe aus England und Amerika zu übersetzen und die Antworten zu schreiben.
Nach und nach beteiligte sich der gesamte Arbeitsraum an dieser Aufgabe, und inzwischen ist sie fast zu einer 'Familienangelegenheit' geworden. Im Gegenzug erhalten die Adoptiveltern kleine Informationen und Interesse an der Persönlichkeit ihrer D.P.-Freunde, was zweifellos dazu führt, dass das Briefeschreiben persönlicher wird und eine bessere Verbindung zwischen Adoptiveltern und Adoptierten entsteht.

In all meinen Beziehungen zu den Patienten der Krankenstation in Varel hatte ich die Hilfe des Heimarztes, der Oberin und der Schwestern, die mich durch ihre Besuche und ihr Interesse an der Arbeit ermutigt haben, und auch die Hauseltern zeigten sich mütterlich und väterlich besorgt über die Fortschritte ihrer besonderen Schützlinge, die den Arbeitsraum besuchen!

Vor allem muss ich in aller Bescheidenheit meine Schuld gegenüber der Sozialarbeiterin, Frau Burchard, anerkennen, ohne deren Ideen das Projekt niemals eingeführt worden wäre und deren (fast tägliche) Inspiration in unserer gemeinsamen Arbeit viel dazu beigetragen hat, die Schwierigkeiten zu überwinden, die wir in der Vergangenheit hatten.

Die (fast tägliche) Inspiration, die sie uns bei unserer gemeinsamen Arbeit gegeben hat, hat sehr geholfen, die vielen Frustrationen zu überwinden, die solche Experimente notwendigerweise mit sich bringen.

Ich habe die Arbeit als interessant und fesselnd empfunden und hoffe zu beweisen, dass diese Menschen in Varel, wenn man ihnen Vertrauen schenkt und sie langsam, schrittweise und nachdrücklich ermutigt, ihre eigenen Fähigkeiten zu entdecken, im Laufe der Zeit wieder zu sich selbst finden können.

Viele von ihnen sind wie Kinder und müssen auch als solche behandelt werden. Außerdem kann es kein überstürzter Prozess sein - der Verdacht, dass es sich wieder um eine subtile Form der 'Zwangsarbeit' handeln könnte, kann nur langsam überwunden werden, und solche Menschen werden nur durch Ehrlichkeit und faire Behandlung 'gewonnen'.

Da ich in meiner Zeit in Varel nicht viel mehr tun kann, als dieses Projekt in Gang zu setzen, muss unbedingt jemand anderes gefunden werden, der die Arbeit übernimmt, bevor ich abreise, und das weiterführt, was ich begonnen habe."

Dusi saldi

V.

Das Gräberfeld auf dem Friedhof Varel

V.1. Ein Bürgerprojekt zu „vergessenen Gräbern"

Am 22. September 2021 begleitete die zertifizierte Gästeführerin Helga von Eßen, Varel, gemeinsam mit Holger Frerichs, Varel, eine Gruppe von Interessierten über den evangelisch-lutherischen Friedhof an der Oldenburger Straße. Die Teilnehmer besichtigten auch das Feld mit den noch sichtbaren Gräbern von Bewohner*innen des DP-Altersheims bzw. Altersheim für heimatlose Ausländer am Steinbrückenweg 47 (1950-1959) und der heimatlosen Ausländer, die ab 1960 im Altersheim „Simeon und Hanna" an der Oldenburger Straße 61 gelebt hatten.
Weitere Grabstellen von ausländischen DPs, die bis zum 30. Juni 1950 verstarben, befinden sich an anderer Stelle in einer gesonderten Reihengrabanlage. Sie sind durch das „Gesetz über die Gräber der Opfer von Krieg und Gewaltherrschaft" (Gräbergesetz) geschützt und von der Stadt Varel dauerhaft zu erhalten. Pflege und Erhaltung sind durch Mittel des Bundes gesichert.
Im Unterschied dazu galten die Gräber der DPs bzw. „Heimatlosen Ausländer" mit Sterbedatum ab 1. Juli 1950 als Privatgräber. Die letzte Bestattung aus diesem Kreis fand 1997 statt (Rita Silins, Lettland). Für die Erhaltung und Pflege dieser Grabstellen galten somit die allgemein üblichen Bedingungen für private Ruhestätten. Nach einem Bericht der in Toronto (Kanda) erscheinenden lettischsprachigen Zeitschrift „Latvija Amerika" vom 2. August 1980 waren bis 1975 allein 121 lettische Gräber vorhanden, bis 1980 zählte man 250. Im Jahr 2022 waren alle Ruhe- bzw. Liegezeiten abgelaufen und die Gräber damit offiziell aufgelassen, die Kirchengemeinde hatte einige Grabstellen aber nicht neu vergeben bzw. deren Grabzeichen erhalten.

Abb. 95: Gästeführung am 22. September 2021 (Foto: Frerichs).

Aus dem Kreis der Teilnehmer der Gästeführung wurde der Zustand des Feldes, das in den vergangenen Jahren weitgehend sich selbst überlassen wurde, als nicht mehr angemessen betrachtet. Claudia Kaminski und Werner Lorek aus Varel schlugen angesichts des historischen Hintergrundes vor, im Rahmen eines bürgerschaftlichen Engagements die Grabsteine zu bergen und das Gräberfeld zu einer Erinnerungsstätte umzugestalten. Sie erklärten sich bereit, aktiv zu werden und aus Spenden die anfallenden Kosten einzuwerben. Es folgten Gespräche in einem erweiterten Kreis von Interessierten, um verschiedene Aspekte des geplanten Vorhabens zu beraten.[69]

69 Weitere Mitglieder der Initiativgruppe: Helga von Eßen, Holger Frerichs, Klaus Engler.

Als geeigneter Rahmen des bürgerschaftlichen Engagements bot sich eine Mitgliedschaft der Initiativgruppe im „Trägerverein für die Lokale Agenda 21 in Varel e.V.“ an. Am 25. Oktober 2021 fand ein erster Pressetermin statt, bei dem unter Beteiligung von Vertretern des Friedhofsausschusses der Kirchengemeinde (Vorsitzende: Heidrun Bleß) und des Friedhofsgärtners Enno Juilfs das Vorhaben erstmals der Öffentlichkeit vorgestellt wurde (siehe Presseberichte).

Sie kümmern sich um vergessene Gräber

FRIEDHOF Werner Lorek ruft Initiative für „Lettengräber“ ins Leben

VON TRAUTE BÖRJES-MEINARDUS

VAREL – Die Gräber sind mit Efeu und wilden Pflanzen überwuchert, die Grabsteine kaum noch zu erkennen. Bei einer Friedhofsführung wunderte sich der Vareler Werner Lorek über den Zustand von Reihengräbern auf dem Vareler Friedhof. Das Ergebnis seiner Nachforschungen lässt ihn handeln: Er initiiert eine Aktion, um die so genannten „Lettengräber“ wieder in das Bewusstsein der Menschen zu rücken.

In den Reihengräbern liegen etwa 400 Menschen begraben, die von 1950 bis 1959 im Altenheim für heimatlose Ausländer auf dem Vareler Kasernengelände gelebt haben. Zum großen Teil kamen sie ab 1945 aus Lettland, Litauen und Estland (siehe Infobox).

Größtes Heim

Da es sich um Privatgräber handelt, wären die Gräber eigentlich längst abgelaufen und könnten aufgegeben werden. Die evangelisch-lutherische Kirchengemeinde Varel hat sich allerdings entschlossen, die Gräber aufrechtzuerhalten, um die Erinnerung an die Bewohner des wohl europaweit größten Altenheimes für heimatlose Ausländer aufrechtzuerhalten. Die Gräber wurden allerdings in den vergangenen Jahren weitgehend sich selbst überlassen.

Werner Lorek informierte sich beim Vareler Heimatforscher Holger Frerichs, der zu dem Thema forscht, und war erstaunt, welche Schicksale sich mit den Gräbern verbinden. In Gesprächen hat er erfahren, dass nur wenige Vareler wissen, dass auf dem ehemaligen Kasernengelände fast zehn Jahre lang 1000 heimatlose alte Menschen gelebt haben, die dort die Kultur ihrer Heimat pflegten und sogar kleine Kapellen eingerichtet hatten. Auch dass es auf dem Vareler Friedhof eine Reihengrabanlage für diese Menschen gibt, wissen nur die Wenigsten.

Bei seinen Bemühungen, die Erinnerungen wieder zu wecken, stieß Werner Lorek bei der Friedhofsverwaltung sofort auf offene Ohren. In Zusammenarbeit mit Holger Frerichs und Friedhofsgärtner Enno Juilfs soll nun ein so genannter „Erinnerungspark“ entstehen. 1000 Euro für die Realisierung kommen aus dem Verkauf des Friesenherz-Tees. Das Projekt hatte Werner Lorek als Lehrer an der BBS Varel angestoßen. Pro Kilogramm Tee gehen 50 Cent an eine wohltätige Organisation.

Werner Lorek (von links), Holger Frerichs, Sinthujan Pathmalingam und Enno Juilfs engagieren sich für die Gräberanlage auf dem Vareler Friedhof.

BILD: TRAUTE BÖRJES-MEINARDUS

INTERNATIONALES ALTENHEIM

Zwischen 1950 und 1959 bestand in der ehemaligen Kaserne in Varel ein Altenheim für heimatlose Ausländer. Die Besatzungsmächte hatten es gegründet, um heimatlosen Ausländern aus den osteuropäischen Staaten, die nach Kriegsende nicht in ihre Heimat zurückkonnten, eine Unterkunft zu geben. In den fünf Wohnblöcken lebten zeitweise bis zu 1000 Personen aus zwölf europäischen Nationen. Damit galt es als das größte internationale Altenheim dieser Art in Deutschland, möglicherweise sogar in Europa. Der Großteil der Bewohner des Altenheimes ist ab 1945 aus Lettland, Litauen, Estland, Polen, Jugoslawien, Rumänien und der Tschechoslowakei geflüchtet.

Die neu gegründete Bundeswehr wollte die Kaserne 1959 wieder für militärische Zwecke nutzen und die noch verbliebenen 400 Bewohner wurden in andere Altenheime in Niedersachsen und andere Orte gebracht. Etwa 50 Frauen und Männer blieben in Varel. Um ihre Unterbringung sicherzustellen, wurde das Altenstift Simeon und Hanna an der Oldenburger Straße gegründet.

Auf dem Vareler Friedhof wurde für die Bewohner des internationalen Altenheimes ein eigenes Quartier eingerichtet.

Bewohnerinnen des internationalen Altenheimes in Varel beim Handarbeiten.

BILD: ARCHIV HOLGER FRERICHS

Infotafel finanziert

Mit dem Geld sollen Steinmetzarbeiten sowie eine Infotafel finanziert werden. Für die Umgestaltung der Anlage werden noch freiwillige Helfer gesucht. Enno Juilfs wird zunächst vorbereitende Arbeiten treffen, im Frühjahr soll es dann an die Neugestaltung der Gräber angehen. „Sie könnten als Allee angelegt werden“, regte Holger Frerichs an. Auf jeden Fall sollen die Steine wieder sichtbar werden und die Gräber mit Bodendeckern angelegt werden. Für die Aktion an den Gräbern werden noch Helfer gesucht. Sie können sich bereits jetzt bei der Freiwilligenagentur unter Tel. 04451/9181063 registrieren lassen. Für eine Ausstellung und Dokumentation zu dem Thema sucht Holger Frerichs noch Zeitzeugen. Sie können sich beim Heimatmuseum melden unter Tel. 04451/952924.

Abb. 96: „Nordwest-Zeitung“, 26. Oktober 2021.

„Sie konnten oder wollten nicht zurück“

Bis zu 1.000 Menschen fanden eine „Insel der Heimatlosen“ – Gräber auf Vareler Friedhof sollen Gedenkstätte werden

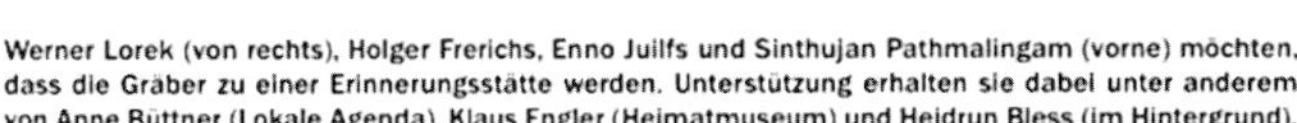

Werner Lorek (von rechts), Holger Frerichs, Enno Juilfs und Sinthujan Pathmalingam (vorne) möchten, dass die Gräber zu einer Erinnerungsstätte werden. Unterstützung erhalten sie dabei unter anderem von Anne Büttner (Lokale Agenda), Klaus Engler (Heimatmuseum) und Heidrun Bless (im Hintergrund).

Auf dem Vareler Friedhof wurde für die Bewohner des internationalen Altenheimes ein eigener Bereich eingerichtet. Dieser soll nun zu einem Erinnerungsort umgestaltet werden, dafür wird tatkräftige Hilfe gesucht. Fotos: Anke Kück

VON ANKE KÜCK

Varel. Nach dem Ende des zweiten Weltkrieges strandeten zahlreiche Menschen in Deutschland. Auch in Varel fanden viele einen Platz an dem sie bleiben konnten, eine „Insel der Heimatlosen“. Dies geschah zunächst in Altenheimen in Varel oder Friedrichsfeld, dann in der ehemaligen Kaserne sowie ab 1959 im Altenheim an der Oldenburger Straße.

Ihre letzte Ruhestätte fanden diese Menschen schließlich auf dem Vareler Friedhof. Viele Vareler wissen nur wenig über diese Menschen, über Menschen, die ihre Heimat aus vielerlei Gründen verlassen mussten und auch aus verschiedenen Gründen nach dem Krieg nicht zurückkehrten.

Bei einer Friedhofsführung hörte Werner Lorek erstmals vom Schicksal der DP – Displaced Persons. Der Zustand ihrer etwa 400 Gräber und Grabmale aus den 50er Jahren bewegte ihn und seine Lebensgefährtin Claudia Kaminski, beiden war klar: „Da muss etwas getan werden.“ Spontan wurde bei einem ersten Arbeitseinsatz in Zusammenarbeit mit Friedhofsgärtner Enno Juilfs schon ein Teil des Gestrüpps und des Bewuchses entfernt.

Geplant ist aber mehr: „Die Gräber der heimatlosen Menschen sollen jetzt hergerichtet werden, so kann eine angemessene Gedenkstätte entstehen – besonders wichtig ist eine Informationstafel über diesen Teil der Vareler Geschichte,“ erklärte Werner Lorek bei einem Ortstermin.

Unterstützung erhält die Idee von „Friesenherz“. Das gemeinnützige Teeprojekt wird einen Spendenbetrag für die Herrichtung der Grabmäler und die Infotafel zur Verfügung stellen. Von jedem Kilo Friesenherztee werden jeweils 50 Cent an gemeinnützige Einrichtungen gespendet, übers Jahr komme dabei eine ansehnliche Summe zusammen, wie Geschäftsführer Sinthujan Pathmalingam erklärte.

Zeugen und Gegenstände aus dieser Zeit gesucht

Wichtige Informationen zur Geschichte, die auf der Tafel Platz finden sollen, hat Holger Frerichs, der auch auf das Heimatmuseum verweist, in dem es umfangreiches Material über das Leben dieser Menschen in Varel gibt: „Es sind ganz außergewöhnliche Lebensgeschichten, die sich hier hinter den Grabmalen verbergen.“

Für eine Ausstellung und Dokumentation zu dem Thema sucht Holger Frerichs noch Zeitzeugen und insbesondere Gestände aus dieser Zeit. Weitere Infos beim Heimatmuseum unter ☎ 04451/952924. Er weist auch auf die besondere Bedeutung des Friedhofes hin: „Es ist eine Bestattungsstätte, ein Ruheort und auch ein Erinnerungspark.“

Unterstützung erfährt das Projekt außerdem durch Heidrun Bless und den Gemeindekirchenrat. Die evangelisch-lutherische Kirchengemeinde Varel hat die Gräber bis heute erhalten, um die Erinnerung an die Bewohner des wohl europaweit größten Altenheimes für heimatlose Ausländer zu bewahren. Die Gräber wurden allerdings in den vergangenen Jahren weitgehend sich selbst überlassen.

Die Lokale Agenda in Varel. will die Aktion im Frühjahr mit einer Aktion unterstützen. Hier können sich schon jetzt Freiwillige melden, die bei der Herrichtung der Grabstätten unterstützen möchten (☎ 04451/9181063).

Hintergrund

Tausende der DP (Displaced Persons) lebten im Oldenburger Land. Diese heimatlosen Ausländer, darunter viele Letten, Litauer, Esten, Polen, Ukrainer, Jugoslawen, fanden schließlich Aufnahme in verschiedenen Heimen wie in Varel oder in Friedrichsfeld. Später gab es ein Lager mit bis zu 1.000 Betten in der ehemaligen Kaserne in Varel. Im Februar 1950 trafen dort mit Lastwagen die ersten Bewohner ein. Sie lebten hier fast zehn Jahre lang. In den fünf Blöcken gab es Unterhaltungsräume und größere Lesesäle sowie Gottesdiensträume in den Dachgeschossen. So entstand schließlich ein Altenheim für heimatlose Ausländer. Als die Kaserne wieder für die Bundeswehr gebraucht wurde, bestand Handlungsbedarf.

Der Rat der Stadt Varel beschloss den Bau eines Altenheim für 90 Personen zu unterstützen. Schon bei der Hundertjahrfeier 1958 wurde vom Verwaltungspräsidenten vom ‚moralischen Recht‘ der Stadt gesprochen, ein für die Unterbringung der heimatlosen Ausländer vorgesehenes Heim zu schaffen.

Der Bund stellte je Bett 7500 DM zur Verfügung. Der Rat der Stadt übertrug dem Verein ‚Ev.-luth. Altersstift Varel e. V.‘ unentgeltlich einen Bauplatz mit einer Fläche von 1.4998 Hektar von den städtischen Grundstücken am Bäker. Außerdem baute die Stadt die Straße, zum Altersheim mit Kanalisation und Wasserleitungen aus.

Displaced Persons

Unter den Begriff der Displaced Persons (kurz: DPs) wurden Ende des Zweiten Weltkriegs jene ausländischen Zivilpersonen zusammengefasst, die sich durch Kriegseinwirkung an Orten außerhalb ihrer Heimat aufhielten. Dies waren vornehmlich ehemalige Zwangsarbeiter, KZ-Häftlinge, Kriegsgefangene und andere Arbeitskräfte, die freiwillig oder unfreiwillig während der Kriegsjahre nach Deutschland gekommen waren. Diese Personengruppe war für die Besatzungsmächte zusätzlich zur Versorgung der reichsdeutschen Bevölkerung eine große Herausforderung.

Ziel dabei war, möglichst vielen die Rückkehr in ihre Heimat zu ermöglichen, was aufgrund der politischen Situation nicht immer möglich war. In den Auffanglagern entwickelte sich eine Selbstverwaltung mit kulturellen Veranstaltungen. ■

Abb. 97: „Friesländer Bote“, Varel, 6. November 2021.

Einbezogen in die Planungen und Umsetzung des Vorhabens waren die evangelisch-lutherische Kirchengemeinde als Friedhofsträger (Friedhofsausschuss, Vorsitzende Heidrun Bleß), Enno Juilfs und Mitarbeiter (Jan Engelmann, Hergen Ulrich) von der Friedhofsgärtnerei sowie der Steinmetzbetrieb Frank und Dirk Steinbach und Mitarbeiter, Varel. Janita Budde-Frerichs und Anne Büttner vom Trägerverein für die Lokale Agenda 21 in Varel organisierten die Sammlung von Spendengeldern.

Es konnten schließlich mehrere tausend Euro verbucht werden, gestiftet von der Barthel-Stiftung in Varel, der Oldenburgischen Landschaft, der Landessparkasse zu Oldenburg, der EWE-Stiftung, der August-Desenz-Drehorgelstiftung Wilhelmshaven und der Firma Friesenherz-Tee, Varel. Hinzu kam eine private Spende des Pastor i. R. Achim Jürgens, Varel.

V.2. Gestaltung der Erinnerungsstätte

Die Arbeiten für die Errichtung der Erinnerungsstätte begannen im Mai 2022 mit dem Abräumen der größtenteils verwahrlosten Bepflanzung der Grabstellen. Die noch erhaltenen Grabsteine wurden geborgen, gereinigt und teils mit neuen Fundamenten versehen in zwei Reihen zusammengefasst. In Alleeform angelegt, befindet sich in der Mitte zwischen den Grabstein-Reihen ein Weg. Zur Erinnerungsstätte zählt auch die im Erdreich geborgene Platte mit der lettischen Aufschrift „Dusi Saldi" (Ruhe sanft). Im September 2022 waren diese Arbeiten abgeschlossen. Holger Frerichs (Text) und Andreas Reiberg (Grafik/Design) konzipierten eine Informationsstele.

Vergessene Steine in neuem Licht

FRIEDHOF Errichtung des Erinnerungsparks für Lettengräber beginnt

VON TRAUTE BÖRJES-MEINARDUS

VAREL – „Dusi saldi" steht auf Lettisch auf einem großen Grabstein, den die Friedhofsgärtner jetzt auf dem Vareler Friedhof wiederentdeckt haben. „Ruhe in Frieden" bedeutet die Inschrift und galt den etwa 400 Menschen, die nach dem Zweiten Weltkrieg in den so genannten „Lettengräbern" auf dem Vareler Friedhof bestattet wurden. Friedhofsgärtner und Steinmetze haben jetzt damit begonnen, die Anlage neu zu gestalten, damit diese Gräber wieder mehr ins Bewusstsein der Bürger gerückt werden.

Die Steinmetzmeister Dirk (von links) und Frank Steinbach stellen die 60 Grabsteine der Lettengräber auf dem Vareler Friedhof neu auf. BILD: TRAUTE BÖRJES-MEINARDUS

Erinnerung an Flüchtlinge

Die Menschen aus Lettland, Estland und Litauen, die in den Gräbern bestattet wurden, haben von 1950 bis 1959 im Altenheim für heimatlose Ausländer auf dem Vareler Kasernengelände gelebt (siehe Infobox). Da es sich um Gräber handelt, die ab Juli 1950 errichtet wurden und damit nicht mehr unter das Kriegsgräberschutzgesetz fallen, wären die Gräber eigentlich längst abgelaufen und könnten aufgegeben werden.

Die evangelisch-lutherische Kirchengemeinde Varel hatte sich allerdings entschlossen, die Gräber aufrechtzuerhalten, um die Erinnerung an die Bewohner des wohl europaweit größten Altenheimes für heimatlose Ausländer aufrechtzuerhalten. Allerdings wurden die Gräber in den vergangenen Jahren weitgehend sich selbst überlassen.

Bei Spaziergang entdeckt

Bei einem Spaziergang über den Vareler Friedhof waren Werner Lorek und Claudia Kaminski auf die Gräber aufmerksam geworden und sie beschlossen, eine Initiative zu starten, um die Grabanlage zu würdigen. „Die Menschen haben keine Angehörigen hier, da ist es doch unsere Aufgabe, uns um die Gräber zu kümmern", sagt Claudia Kaminski.

Bei der Friedhofsverwaltung stießen sie auf offene Ohren. In Zusammenarbeit mit dem Vareler Heimatforscher Holger Frerichs und Friedhofsgärtner Enno Juilfs soll ein so genannter „Erinnerungspark" entstehen.

Unter dem Dach der Agenda Varel angesiedelt, haben die Initiatoren mittlerweile mehrere Tausend Euro gesammelt, mit denen Steinmetzarbeiten sowie eine Informations-Stele finanziert werden sollen. Die von Werner Lorek ins Leben gerufene Firma Friesenherz-Tee hat ebenso Geld gespendet wie die LzO-Stiftung, die Barthel-Stiftung und Pastor Achim Jürgens, der das Altenheim der heimatlosen Ausländer noch aus eigener Anschauung kennt.

Auch die Friedhofsgärtner Enno Juilfs, Jan Engelmann und Hergen Ulrich unterstützen die Aktion: In ihrer Freizeit haben sie die verwahrloste Bepflanzung der Gräber abgeräumt und die Erde geebnet. Im nächsten Schritt werden die Steinmetzmeister Frank und Dirk Steinbach die 60 Grabsteine aus Granit ausgraben, reinigen und neu richten.

Als Allee

Die Steine sollen als Allee angelegt werden mit einem Schredderweg in der Mitte und naturnaher Bepflanzung. Die Bepflanzung soll im Herbst erfolgen in einer Gemeinschaftsaktion mit Bürgern. Auch Heidrun Bleß, Vorsitzende des Friedhofsausschusses, ist begeistert von der Umgestaltung und hat auch eine Idee für einen Ort, an dem das Schild mit der Aufschrift „Dusi saldi" besonders gut zur Geltung kommen würde.

INTERNATIONALES ALTENHEIM IN VAREL

Zwischen 1950 und 1959 bestand in der ehemaligen Kaserne in Varel ein Altenheim für heimatlose Ausländer aus den osteuropäischen Staaten, die nach Kriegsende nicht in ihre Heimat zurückkonnten. Dort lebten zeitweise bis zu 1000 Personen aus zwölf europäischen Nationen. Es galt als das größte internationale Altenheim dieser Art in Deutschland, möglicherweise sogar in Europa. Der Großteil der Bewohner des Altenheimes ist ab 1945 aus Lettland, Litauen und Estland geflüchtet.

Die neu gegründete Bundeswehr wollte die Kaserne 1959 wieder für militärische Zwecke nutzen und die noch verbliebenen 400 Bewohner wurden in andere Altenheime in Niedersachsen und andere Orte gebracht. Etwa 50 Frauen und Männer blieben in Varel. Um ihre Unterbringung sicherzustellen, wurde das Altenstift Simeon und Hanna an der Oldenburger Straße gegründet.

Auf dem Vareler Friedhof wurde für die Bewohner des internationalen Altenheimes ein eigenes Quartier eingerichtet.

Bewohnerinnen des internationalen Altenheimes in Varel beim Handarbeiten. BILD: ARCHIV HOLGER FRERICHS

Abb. 98: „Nordwest-Zeitung", 6. Mai 2022.

Abb. 99 / 100: Übersicht Erinnerungsfeld. Fotos Frerichs, September 2022.

Liste der 63 Grabsteine

Die Erinnerungsstätte umfasst 63 Grabsteine, auf denen sich die Lebensdaten von 77 Männern und Frauen finden. Die 77 Personen haben folgende Nationalität: Lettland 60, Litauen 2, Estland 4, Polen 10, Jugoslawien 1. Soweit Angaben zu Geburts- und Sterbedaten (Monat, Tag) und Mädchennamen auf den Grabsteinen fehlen bzw. fehlerhaft sind, wurden diese Informationen, falls überliefert, aus Dokumenten des Arolsen Archives und Meldekarten (Stadtarchiv Varel) ermittelt.

Reihe / Grabstein-Nr.	Nationalität	Vorname Name	Lebensdaten (TT-MM-JJJJ)
1.1.	Lettland	Julijs Bumanis	13.11.1886-11.7.1961
		Emilija Bumanis, geb. Briedis	10.12.1886-17.11.1977
1.2.	Lettland	Anna Elsa Jaeger (Jegers)	14.11.1882-8.5.1968
1.3.	Lettland	Zenija Lacis, geb. Engelis	7.1.1881-15.5.1976
1.4.	Lettland	Augusts Silins	22.7.1878-1973
		Marija Silins, geb. ?	23.11.1882-1981
		Rita Silins	30.3.1915-21.11.1997
1.5.	Lettland	Julija Dumins, geb. Ratniks	2.7.1887-29.3.1972
1.6.	Lettland	Anna Salins, geb. Berzins	25.11.1884-4.1.1974
1.7.	Polen	Albin Handzlik	2.2.1928-7.11.1968
1.8.	Polen	Maria Bielas, geb. Smialowska	20.1.1923-16.8.1971
1.9.	Lettland	Marija Plegeris, geb. Ciekurs	28.6.1875-19.5.1963
1.10.	Lettland	Jozefine Zavadskis, geb. Legzdin	1884 [3.10.1883]-1963
1.11.	Lettland	Karlis Garselis	4.12.1888-6.10.1958
1.12.	Lettland	Emilija Purmalis, geb. Berzins	22.10.1875-8.3.1954
1.13.	Lettland	Marija Simanis	13.5.1874-30.6.1966
1.14.	Lettland	Osvalds Birgelsons	17.4.1883-27.2.1970
		Emilija Birgelsons, geb. Zakitis	10.12.1888-3.8.1970
1.15.	Lettland	Anna Krievans, geb. Curiska	19.1.1890-28.9.1971
1.16.	Litauen	Maria Schappeit, geb. Keddis	12.8.1874-28.6.1960
1.17.	Lettland	Janis Ziverts	18.3.1890-27.12.1970
		Anna Ziverts, geb. Lesins	18.5.1897-10.4.1980

1.18.	Polen	Bronislaw Byczkiewicz	6.3.1883-30.5.1961
1.19.	Lettland	Zofija Skapovicz	1.2.1889-13.4.1958
1.20.	Polen	Boleslaw Koziet	17.12.1914-23.12.1969
1.21.	Polen	Rozalija Jakuszewska	25.8.1913-13.4.1960
1.22.	Polen	Joanna Zawisla, geb. Kisiel	30.9.1912-10.2.1960
1.23.	Polen	Aniela Panicz, geb. Cienczyk	18.9.1884-23.4.1955
1.24.	Lettland	Marija Burva	6.10.1890-21.10.1971
		Anna Burva	26.10.1894-14.8.1986
1.25.	Lettland	Kristaps Irbe	25.1.1874-26.1.1959
1.26.	Polen	Jozef Maciocha	9.2.1912-9.2.1971
1.27.	Lettland	Kristine Dreiers, geb. Zweigane	29.9.1868-4.2.1958
1.28.	Lettland	Peteris Lange	16.7.1879-26.2.1957
1.29.	Lettland	Ernests Sulcs	24.11.1887-22.2.1953
1.30.	Lettland	Katrina Milgravis	26.10.1871-27.12.1955
1.31.	Lettland	Andrejs Zapolskis	4.1.1888-1979
		Ellen Zapolskis, geb. Grundmanis	6.4.1894-1987
1.32.	Lettland	Karlis Sprogis	7.11.1881-24.10.1957
1.33.	Polen	Stanislaw Czub	27.11.1890-16.5.1956
		Jozef Czub	5.10.1927-2.1.1968 (in Australien)
1.34.	Lettland	Nicolays Robeznieks	2.4.1875-17.1.1956
2.1.	Lettland	Made Birins, geb. Goba	11.4.1877-15.12.1965
2.2.	Lettland	Anna Leitlands	1.8.1879-22.8.1966
2.3.	Lettland	Minna Sutka, geb. Davids	1.12.1889-14.5.1967
		Otilija Sutka	8.9.1886-20.10.1971
2.4.	Lettland	Julijans Gabruschevs	24.2.1887-31.8.1954
2.5.	Lettland	Ella Meirons	16.3.1883-16.12.1950
2.6.	Lettland	Emma Kovalevskis, geb. Girgens	10.12.1883 [1889]-26.9.1955
2.7.	Lettland	Jeva Asmanis, geb. Fridbergs	15.1.1859-20.11.1954
2.8.	Lettland	Aline Rozulauks, geb. Krisitis	8.9.1884-27.7.1952
2.9.	Lettland	Anna Grapmanis	10.11.1866-27.11.1951
2.10.	Lettland	Merija Jakobsons	9.9.1861-1.4.1952
2.11.	Estland	Heinrich Michelson	9.4.1874-29.1.1957
		Marie Michelson, geb. Jaanson[70]	8.1.1878-10.4.1950
2.12.	Lettland	Konrads Teodors Kreilis	24.7.1878-8.8.1951
		Karline Kreilis-Misukovskis, geb. Mezulis	23.4.1881-11.1.1962
2.13.	Lettland	Ede Blaus, geb. Rauda	23.7.1859-24.11.1951
2.14.	Lettland	Antonia Schott, geb. Kadikis	16.2.1871-2.7.1952
2.15.	Lettland	Elizabete Lucs	8.5.1876-25.2.1964
2.16.	Estland	Amalie Lusts	27.11.1882-20.1.1954
2.17.	Lettland	Pavils Gruzna	28.2.1878-12.12.1950
		Marta Gruzna	9.4.1885-12.8.1950
2.18.	Lettland	Janis Sirsnins	16.8.1873-7.10.1957
2.19.	Polen	Franciszek Montowski	25.9.1914-13.11.1958
2.20.	Estland	Anna Org, geb. Kase	14.5.1867 [1868]-25.9.1955
2.21.	Litauen	Gertrude Kosiene, geb. Penelyte	14.5.1867-1957
2.22.	Lettland	Bernhards Liepins	6.7.1876-24.10.1950
2.23.	Lettland	Otilija Gailitis	15.6.1888-16.3.1959
2.24.	Jugoslawien	Cedomir Mladenovic	28.11.1893-August 1967
2.25.	Estland	Georg A[a]bram	28.1.1877-26.11.1954
		Elfriede A[a]bram, geb. Anbug	10.6.1878-3.3.1961
2.26.	Lettland	Emma Sulcs	30.10.1882-22.10.1957
2.27.	Lettland	Marta Lasmanis	12.3.1888-8.11.1980
2.28.	Lettland	Paulis Viksne	25.2.1890-27.12.1968
		Livija Viksne, geb. Rudzitis	4.2.1887-26.2.1969
2.29.	Lettland	Janis Graudins	2.5.1879-27.8.1958

70 Auf Grabstein Inschrift für Ehefrau Marie Michelson. Sie ruht in der Reihengrabanlage der durch das Gräbergesetz geschützten „Gräber der Opfer von Krieg und Gewaltherrschaft"; dort befindet sich noch ein eigener Grabstein.

V.3. Text der Informationsstele

Grabsteine der „Heimatlosen Ausländer" (1950-1997)

*Von Februar 1950 bis Ende 1959 war in Varel in den ehemaligen Marine-Kasernen am Steinbrückenweg 47 ein Altersheim für ausländische DPs (Displaced Persons) eingerichtet. Die Bewohner*innen erhielten ab 1951 durch ein Bundesgesetz den Status „Heimatlose Ausländer". Im Heim lebten zeitweise bis zu knapp 1000 Männer und Frauen. 1957 wurde die Einrichtung in der Presse als „größtes internationales Altenheim in Europa" bezeichnet.*

*Die Bewohner*innen stammten aus Ost- und Südosteuropa, davon viele aus Lettland, Estland und Litauen. Weitere Herkunftsstaaten waren Polen, von der ehemaligen Sowjetunion die Ukraine und Russland, das ehemalige Jugoslawien und Rumänien.*
Es handelte sich um
*- ehemalige ausländische Zwangsarbeiter*innen aus dem Zweiten Weltkrieg,*
- Flüchtlinge, die 1944/45 aus den baltischen Staaten aus Furcht vor der Roten Armee oder im Einzelfall als Kollaborateure der deutschen Besatzer ins Reichsgebiet geflohen waren,
*- sonstige Ausländer*innen, die aus verschiedenen Gründen nicht mehr in ihre Heimat zurückkehren wollten oder konnten.*

Nach der Niederschlagung des Ungarn-Aufstandes fanden 1956 einige ungarische Flüchtlinge, darunter Kinder, eine Unterkunft im Altersheim.
Ende 1959 übernahm die Bundeswehr das Gelände und das Altersheim wurde aufgelöst.
*Die Bewohner*innen wurden auf andere Einrichtungen im Bundesgebiet verteilt. Einige in Varel verbleibende Personen zogen in das neu erbaute „Simeon und Hanna" in der Oldenburger Straße 61.*

Die Grabstellen von DPs, die bis zum 30. Juni 1950 verstarben, sind durch das „Gesetz über die Gräber der Opfer von Krieg und Gewaltherrschaft" (Gräbergesetz) geschützt.
Sie sind von der Stadt Varel dauerhaft zu erhalten, finanziert durch Mittel des Bundes. Diese Gräber befinden sich in einer gesonderten Reihengrabanlage.
Die Gräber der DPs bzw. „Heimatlosen Ausländer" mit Sterbedatum ab 1. Juli 1950 galten als Privatgräber. Die letzte Bestattung aus dem Kreis der „heimatlosen Ausländer" im „Simeon und Hanna" fand 1997 statt (Rita Silins, Lettland).
Die evangelisch-lutherische Kirchengemeinde Varel als Träger des Friedhofes hat nach Ablauf der Ruhefristen einige dieser Ruhestätten bzw. Grabsteine freiwillig erhalten. 2022 sind die Grabsteine durch die Mitarbeiter des Friedhofes und den Steinmetzbetrieb Steinbach (Varel) geborgen und in zwei Reihen zu einer dauerhaften Erinnerungsstätte zusammengefasst worden.
Der Erinnerungsort besteht aus 63 Grabsteinen mit Lebensdaten zu 77 Personen.
Davon stammen aus Lettland: 60, Litauen: 2, Estland: 4, Polen: 10, Jugoslawien: 1.
Initiiert wurde das Projekt durch ein bürgerschaftliches Projekt unter dem Dach des Trägervereins für die Lokale Agenda 21 in Varel e.V.
Das Projekt wurde gefördert durch Zuschüsse der Gertrud und Hellmut Barthel Stiftung Varel, der Oldenburgischen Landschaft, der Landessparkasse zu Oldenburg, der EWE-Stiftung, der August-Desenz-Drehorgelstiftung Wilhelmshaven und der Friesenherz GmbH, Varel.

Text: Holger Frerichs, Heimatverein Varel
Gestaltung: Andreas Reiberg, Wangerland

Abb. 101: Geplanter Standort der Informationsstele (Montage: Andreas Reiberg).
Bei Redaktionsschluss (März 2023) war die Stele noch in Bearbeitung, Fertigstellung geplant für April 2023.

VI. Archive / Literatur (Auswahl)

VI.1. Archive

Arolsen Archives

https://collections.arolsen-archives.org/de/search

„Nominal Roll of DPs registered for IRO Care and Maintenance in Camp Varel“:
Namensliste von Bewohner*innen des DP-Altersheimes am Steinbrückenweg 47 (undatiert, vermutl. zwischen Februar und Mitte 1950).
Enthält DP-Nummer, IRO-Nummer, Familienname, Vorname, Geburtsdatum, Geburtsort, Nationalität, Geschlecht, Familienbeziehung.

Verschiedene DP-Dokumente zu einzelnen Bewohner*innen:
U.a. DP-Registerkarten („D.P. Registration Record“) sowie „Care and Maintenance“-Akten.
Am häufigsten findet sich das Formular „Application for Assistance“. Dies wird auch als „CM/1“ bezeichnet, wobei „CM“ für „Care and Maintenance“ (Fürsorge und Unterhalt) steht, die „1“ für den jeweiligen Formulartyp.
Das Formular gibt es in unterschiedlichen Varianten, je nach Entstehungszeitraum, jeweiliger Besatzungszone und Sprache. Enthaltene Informationen sind unter anderem: - Personalien des Antragstellers - ggf. Personalien von Familienangehörigen - Aufenthaltsort und Beschäftigung während der letzten 10-12 Jahre - Bildung und Sprachkenntnisse - Finanzielle Ressourcen - Zukunftspläne, Gründe gegen Repatriierung, gewünschtes Land für Emigration.
Ein Stempel markiert, ob der Antragsteller für unterstützungsberechtigt (eligible) befunden wurde. Bei einer Betreuung durch die IRO wurden ggf. noch Bewegungen zwischen DP-Camps vor der Emigration verzeichnet. Zusätzlich enthält die Arolsen-Sammlung Fragebögen für DPs, Bestätigungen der Unterstützungsberechtigung, Anträge zur Änderung des Status (CM/3-Formulare), Fotos der Antragsteller, Krankenunterlagen, Schriftverkehr sowie Gesprächsnotizen.
Die Krankenunterlagen sind als Dokumente mit sensiblem Inhalt von der Online-Veröffentlichung ausgeklammert, können aber auf Wunsch beim ITS eingesehen werden.

Stadtarchiv Varel

Meldekarten für Bewohner*innen des Altersheimes: Enthält Angaben zur Person, Zuzugs- und Abzugsdatum, ggfs. Eintragung zum Sterbefall, Angehörige.
Fotoalbum Altersheim ca. Mitte 1950er Jahre.

Archiv Kirchengemeinde Varel

Nr. 749: Enthält umfangreiche Sachakten, Vertragstexte, Namenslisten, Gräberlisten zur Unterhaltung und Betreuung der Gräber der „nichtdeutschen Flüchtlinge“ aus dem Altersheim für Heimatlose Ausländer und im „Simeon und Hanna“.

Beerdigungs-Register Friedhof Varel Nr. 6:
Nachweis über Belegung der einzelnen Grablagen.

Beerdigten-Verzeichnisse Friedhof Varel 1934-1954 und 1955ff.:
Chronologischer Nachweis der Bestattungen mit Angaben zur Person.

Niedersächsisches Landesarchiv Hannover

Nds. 120 Lüneburg Acc. 14/70 Nr. 57:
Lager für nichtdeutsche Flüchtlinge (Lager für Displaced Persons).
Enthält u.a.: Bereitstellung von Haushaltsmitteln für die Unterhaltung und den Betrieb der Lager für nichtdeutsche Flüchtlinge; Unterbringung in Altersheimen; Umzugskosten; Verlegung nichtdeutscher Flüchtlinge; Auflösung der Zwischenunterkunft im DP-Lager Varel. Laufzeit 1956 – 1962.

Landeskirchliches Archiv Hannover

LkAH E 52 Nr. 367:
Evangelisches Altenheim für heimatlose Ausländer in Varel.
Enthält v.a. Übernahme durch die Hauptbüros des Evangelischen Hilfswerks Hannover, Oldenburg und Braunschweig, Auflösung. Laufzeit 1951-1957.

Archiv Oberkirchenrat Oldenburg

I. 1.3.1 2451:
Varel: D.P.-Altersheim Varel (Altersheim für heimatlose Ausländer).
Enthält u.a.: Monatsberichte, Personalangelegenheiten, Betriebsunterlagen, Geschäftsführungsabkommen, Pachtvertrag, Satzung, Fürsorgetagung, Schriftwechsel mit der EKD, Schriftwechsel mit World Council of Churches, Bericht über die gegenwärtige Lage der Orthodoxen Gemeinden in Deutschland, Bericht zur Lage der heimatlosen Ausländer, Bericht der Heimfürsorgerin über die Verhältnisse in der Lettischen ev. Luth. KG Varel. Laufzeit: 1952.

I. 1.3.1 2452:
Varel: D.P.-Altersheim Varel (Altersheim für heimatlose Ausländer).
Enthält u.a.: Belegungszahlen Stand 01.03.1955, Monatsberichte, Stellungnahme zu einzelnen Fragen der geplanten vertraglichen Regelung bezüglich des Altersheims für heimatlose Ausländer abgegeben für das Hilfswerk der Ev. Kirche in Deutschland, Gutachten über die Wirtschaftlichkeit des Ev. Altenheims für heimatlose Ausländer, Verteilung der Altersheimplätze Nov. 1951, Nachtrag zum Gutachten über die Wirtschaftlichkeit des Altersheims für heimatlose Ausländer in Varel, Jahresergebnis bei einer Belegung mit 868 Insassen (Nov. 1952). Laufzeit: 1951-1955.

I. 1.3.1 2453:
Varel: D.P.-Altersheim Varel (Altersheim für heimatlose Ausländer).
Enthält u.a.: Vertrag mit dem land Niedersachsen und dem Hilfswerk der Ev. Kirche in Deutschland, Stellungnahme zu einzelnen Fragen der geplanten vertragl. Regelung, Niederschriften über Besprechungen, Jahresberichte, Ersatzbauten für das Ausländerheim, Gottesdienste im Ausländerheim, Auflösung des Altersheims, Satzung des Vereins „Ev.-luth. Altersstift Varel e.V.", Freimachung der Marinekaserne in Varel für Zwecke der Bundesverteidigung, Bericht über die ökumenischen Gottesdienste im Altersheim, Gutachten zur Frage der Errichtung von Altersheimen durch die Ev. Kirchengemeinde, die Innere Mission oder das Ev. Hilfswerk, Gottesdienste im Altersheim für heimatlose Ausländer. Laufzeit: 1954.

Archiv Offizialisatsverwaltung Vechta

Akten der Offizialatsverwaltung, Teilbestand A (Allgemeines Schriftgut) Ausländerseelsorge.
Darin: Auflistung der Geistlichen in Lagern für heimatlose Ausländer in Niedersachsen (1951), Bericht des polnischen Kaplans Stanislaw Ren in Varel (1951), Berichte von ausländischen

Geistlichen über ihre Tätigkeit in Lagern im Land Oldenburg (1953), Bericht von Jörg-Ruprecht Janocha über das Altersheim für heimatlose Ausländer in Varel (1954). Laufzeit: 1949-1962.

Akten der Offizialatsverwaltung, Teilbestand B (Die Pfarreien betreffendes Schriftgut), hier: Varel (mit Bockhorn, Jade und Zetel).
Darin: DP-Lager Friedrichsfeld bei Bockhorn (1950-1960) – enthält: 31 Faszikel – darin: Situation des DP-Altersheims Varel, 1955-1957 (Fasz. 24 u. 27).

Bundesarchiv:
16 mm-Film „Deutschlandspiegel 29/1957" (Bundespresseamt), Filmothek Bundesarchiv.
Darin eine Sequenz zum Altersheim in Varel.
https://www.filmothek.bundesarchiv.de/video/589568?set_lang=de

Literatur (Auswahl)

Grabe, Nina: Die stationäre Versorgung alter Menschen in Niedersachsen 1945-1975. Stuttgart 2016.
Grabe, Nina: Die stationäre Versorgung älterer Displaced Persons und „heimatloser Ausländer" in Westdeutschland (ca. 1950–1975). Medizin, Gesellschaft und Geschichte: Beihefte. Stuttgart 2019.
Gabe, Nina: Stationäre Versorgung über 50-jähriger „Displaced Persons" bzw. „heimatloser Ausländer" in den westlichen Besatzungszonen und der Bundesrepublik Deutschland (1950 bis ca. 1975). Online-Ressource Institut für Diakonie- und Sozialgeschichte. Bielefeld 2021: https://cms.idsg-bielefeld.de/index.php/veranstaltungen/kolloquium-fuer-diakonie-und-sozialgeschichte-2019/30-grabe (Zugriff 31.10.2021)

Heuzeroth, Günter: Baltenflüchtlinge nach dem Zweiten Weltkrieg im deutschen Exil: ein Balanceakt zwischen Diktaturen und Demokratie; dargestellt an den Baltenkolonien im Oldenburger Land. Oldenburg 2013.

Jacobmeyer, Wolfgang: Vom Zwangsarbeiter zum heimatlosen Ausländer, die Displaced Persons in Westdeutschland 1945-1951, Göttingen, 1985.

Koch, Carl-Ernst: Die versicherungs- und versorgungsrechtliche Stellung der arbeitenden und nicht arbeitenden Ausländer in den Lagern Friedrichsfeld (Oldb.), Lingen (Ems), Marx (Ostfriesland), Wehnen (Oldb.) und im Altersheim für heimatlose Ausländer Varel (Oldb.), Examensarbeit an der Akademie für Staatsmedizin Hamburg, Hamburg 1954.

Pletzing, Christian und Marianne (Hg.): Displaced Persons.
Flüchtlinge aus den baltischen Staaten in Deutschland. Colloquia Baltica 12. München 2007.

Stadtarchiv Varel

Im Stadtarchiv Varel ist die Meldekartei für die Bewohner*innen des Altersheimes überliefert.
Im Archiv des Heimvereins Varel e.V. ist ein Fotoalbum zum Altersheim überliefert.

Bundesarchiv

16 mm-Film „Deutschlandspiegel 29/1957" (Bundespresseamt), Filmothek Bundesarchiv.
Darin eine Sequenz zum Altersheim für heimatlose Ausländer in Varel.
https://www.filmothek.bundesarchiv.de/video/589568?set_lang=de